视频书
VBook

记忆番禺

中共广州市番禺区委宣传部 编

南方日报出版社
NANFANG DAILY PRESS
·广州·

图书在版编目（CIP）数据

记忆番禺 / 中共广州市番禺区委宣传部编. -- 广州 : 南方日报出版社，2021.9(2022.4重印)
ISBN 978-7-5491-2419-0

Ⅰ. ①记… Ⅱ. ①中… Ⅲ. ①番禺区—概况 Ⅳ. ①K926.54

中国版本图书馆 CIP 数据核字(2021)第 167248 号

JIYI PANYU
记忆番禺

编　　者：中共广州市番禺区委宣传部
出版发行：南方日报出版社
地　　址：广州市广州大道中 289 号
出 版 人：周山丹
责任编辑：刘志一　李　哲
责任技编：王　兰
封面设计：易　界
内页设计：肖晓文
责任校对：魏智宏
经　　销：全国新华书店
印　　刷：广州市尚铭印刷股份有限公司
开　　本：787mm×1092mm　1/16
印　　张：16
字　　数：140 千字
版　　次：2021 年 9 月第 1 版
印　　次：2022 年 4 月第 2 次印刷
定　　价：58.00 元

投稿热线：（020）87360640　读者热线：（020）87363865
发现印装质量问题，影响阅读，请与承印厂联系调换。

编委会

序 言

让记忆留下记忆

梁凤莲

记忆是联系一个人与一群人的纽带，是联系过去、现在与未来的纽带。在我们出生之前，关于故乡的记忆已经在等候着我们，我们也将把这些记忆留给那些永远无法见面的后代。

我们的文化之所以完整，我们的人生之所以完整，就是因为我们与我们的记忆同在，我们通过记忆与我们的祖先同在，与我们的后代同在。记忆是个人化的，但它更是社会性的。

番禺这个地名，是岭南最古老的地名之一，千百年来，被张九龄、韩愈、苏东坡、陈献章、湛若水、屈大均、康有为、梁启超等名人吟诵了不知多少遍。今天，番禺这个地名不仅意味着广州的起点，也代表着一个全新的城区。

文化跟随血脉在浩渺广袤的时空之间奔腾浪涌，串联起上下五千年、纵横八万里。对粤港澳大湾区民众以及从这片土地走向全球的华人华侨而言，想到番禺就想到故乡，它是乡愁的触点、记忆的核心，它像一个宝库，珍藏着祖先两千多年来筚路蓝缕、胼手胝足积累下来的物质财富与精神遗产。

记忆如此重要，那么，谁是记忆的讲述者？一个人的记忆到底有多长的时间跨度？一个地方的记忆到底有多广的空间覆盖？

《记忆番禺》是一把钥匙，它要打开的是关于番禺的记忆宝库，它要回答的也是上述众多的问题。

文化建设归根结底是人的塑造，塑造人的认同感和自豪感，一切建设须从记忆开始。我们今天所要做的，就是当番禺这个名字从下一世纪乃至更远世纪后代的口里说出来的时候，它依旧代表着我们今天热恋的那片富饶的土地，子孙依旧怀想它的如歌行板、厚重底蕴、田野山川、稻香麦浪。

阅读《记忆番禺》对妇孺老幼来说并没有什么障碍，历史没有被装饰成门槛很高的知识，用艰深的面孔来吓退万千读者。我更愿意用“民间故事”来认定《记忆番禺》所代表的记忆类型。当我们这一代人尚属少年，“民间故事”是非常流行的故事文本。今天，地方文化的建设都在追求高大上、国际范和地标化，已经甚少看见类似既有内涵又接地气的读物了。

当最后一页被翻了过去，掩卷而思，《记忆番禺》告诉我们：记忆所能达到的时间长度与我们的年龄无关，记忆所能达到的空间广度也与我们的游历无关。记忆是社会化的信息，它与讲述有关。谁该来讲述记忆？该来讲述什么样的信息？在过往，或许是村里最尊贵的长者；在今天，是城市文化的创造者和保护人。

《记忆番禺》不负讲述广州故事的使命，简要而系统地汇集了关于一个地方的历史记忆。从秦始皇三十三年（前214年）番禺置县至今2230多年来，番禺是岭南文化的母体和温床，它孕育了岭南文化的杰出代表，在这本书里，我们可以一一指认出它们久远的踪迹。岁月逝去，那些威水（了不起）的番禺乡亲如冼星海、陈树人，那些丰盛的番禺物产如慈菇、马蹄、灯芯草，那些精巧的民俗瑰宝如龙狮、鳌鱼、龙船，那些细密的爱美心思如木雕、砖雕、乞巧，统统被记忆留下，进入《记忆番禺》的字里行间。

因为有了《记忆番禺》，我们有了记忆的共享。地域上，番禺是一些人的故乡，对更多的人来说，它是永远的精神家园，《记忆番禺》是记忆在岁月中留下的永久印记。

本文作者系广州市社科院岭南文化研究中心主任，广东省文艺评论家协会副主席，研究员（技术岗二级），一级作家，博士，享受国务院特殊津贴专家，广州市优秀专家。

目 录

第一篇
源远流长 / 001

第一章　古迹 / 002

第一节　昌华别苑／003

第二节　海云传奇／011

第三节　菩山之美／018

第二章　根脉 / 024

第一节　留耕心田／025

第二节　修善之路／031

第三节　孔圣南宗／037

第三章　遗俗 / 042

第一节　乞巧人生／043

第二节　自梳往事／050

第三节　色飘禺山／056

第二篇 番禺技艺 / 063

第一章 匠心 / 064

第一节 针尖绝技／065

第二节 龙船制作／071

第三节 精雕巧塑／078

第四节 榫卯之间／085

第五节 沙湾美味／090

第二章 舞艺 / 096

第一节 番禺龙狮／097

第二节 独占鳌头／103

第三章 乡韵 / 108

第一节 沙湾音乐／109

第二节 咸水歌艺／115

第三节 禺山琴韵／120

第三篇 禺山人杰 / 127

第一章 行者 / 128

第一节 屈大均：一身傲骨，历尽千帆／129

第二节 惟因法师：学修并重，福慧双修／135

第三节 冼星海：为民谱曲，时代强音／141

第四节 麦英豪：考古先贤，文物导师／148

第二章　书画／154

第一节　高剑父、高奇峰：融汇古今，开宗立派／155

第二节　陈树人：立德树人，胸怀家国／163

第三节　关良：戏笔舞墨，画意人生／169

第四节　麦华三：心正笔正，德艺双馨／175

第三章　良医／182

第一节　黄省三：仁心仁术，一代儒医／183

第二节　梁俭光、梁翕光：侠肝义胆，革命医者／189

第四篇
沧桑迭变／195

第一章　旧事／196

第一节　塱边岁月／197

第二节　家在桥南／203

第二章　立业／208

第一节　“大石三宝”／209

第二节　珠宝小镇／214

第三节　百年药房／221

第三章　雄筑／228

第一节　番禺宾馆／229

第二节　洛溪飞虹／235

后　记／242

第一篇

源远流长

第一章 古迹

第一节　昌华别苑

小谷围街（下称“小谷围”），位于广州市番禺区北部，原是珠江江心的一处岛丘，面积约20平方公里。2003年以前，它还是一个偏居一隅的小岛，可如今，它已经成为高校林立的教育重地。历史的长河，淹没了这座小岛曾经的荣光。如果不是两座南汉帝陵被发现，小谷围曾是皇家陵园所在地的历史，恐难以重见天日。

从天空俯瞰南汉二陵博物馆，它犹如一块宝石镶嵌在一片碧绿之中，成为这片土地的一个崭新的坐标。南汉二陵，是南汉高祖刘龑（音同“岩”）及其兄长南汉烈宗刘隐的陵墓——“康陵”和“德陵”的并称。两座帝陵相距800米，彼此呼应，无声地诉说着一个王朝渐行渐远的故事。

大学城建设时的意外发现

时光回到2003年春天。当时，广州市考古研究所接到了一项配合大学城建设先期进行考古调查、勘探和文物保护的任务。根据广州市政府规划，大学城项目于2003年1月正式启动，2004年9月新学期开学时，中山大学、华南理工大学、华南师范大学、星海音乐学院等10所高校入驻。原本以农业生产为主、植被茂盛的小岛迎来了翻天覆地的变化。与考古专家同时进入小谷围的，还有番禺区一众民俗专家，其中就有番禺区文联副主席、秘书长何志丰。

位于番禺大学城的南汉二陵博物馆

“我们事先预估这片区域可能会有很多文物，后来经过调查，果然发现南汉王墓以及很多明清时期的书院遗址都留存在这里。当时，我们组织了一个民间艺术和文化遗产抢救小组，一群人拿着相机、摄像机和纸笔，将这些珍贵的遗存记录下来，希望能留下我们番禺的乡土记忆。”何志丰回忆道。

当考古队员与文史专家来到北亭村时，他们从村民那里得到一个令人惊讶的消息，距离北亭村不远的地方有一处刘皇冢。因为坚固耐用，刘皇冢曾经被当作生产队的防空洞和牲口棚，且因盗墓贼所为，墓门早已不见踪影。这座刘皇冢经发掘并考证后，被证实就是史料记载埋葬南汉烈宗刘隐的德陵。很快，考古队又在北亭村的大香山，发现了埋葬南汉高祖刘龑的康陵。

康陵出土的《高祖天皇大帝哀册文》为这次调查提供了最有力的依据——这是国内首次考古出土、年代最早、最完整的哀册文，它指明了墓主人正是南汉开国皇帝刘龑。刘龑，原名刘岩，是唐末封州刺史刘谦的第三子。刘谦死后，长子刘隐继任刺史，梁王朱温篡唐称帝后，封刘隐为南汉王。南汉乾亨元年（917年），继承兄长之位的刘岩称帝，建立南汉政权，定都番禺城，时称兴王府。称帝之后，刘岩仿武则天，造出“龑”字，寓意飞龙在天，改名刘龑。

广州市文物考古研究院院长易西兵认为，古代南汉国立国55年，实际上它是五代十国时期的一个地方政权，也是第二个以广州为都的地方政权。55年，半个多世纪，在历史的长河中只是沧海一粟，但是它对广州城市发展甚至岭南地区社会经济发展起到了很重要的作用。

55年中，南汉国的统治者大兴土木，把大半个广州城变成自己的后花园。《旧五代史》记载，刘龑在位25年间，移山凿湖，开辟园林，“凡数百，不可悉数”。《南汉书》的记载更夸张，光离宫就有千余间。而这些离宫别苑，珠宫贝阙、金雕玉砌，奢华程度难以想象。其中，最著名的莫过于昌华苑了，《南汉书·高祖纪》对昌华宫作如此描述：“建玉堂珠殿，饰以金碧翠羽，悉聚珍宝实之。”其建筑之精美豪华，藏品之丰富珍贵，可见一斑。

千余年前的“南汉行宫”

昌华苑在哪里？它与小谷围是否存在着某种联系？百余年来，对于这些问题争论不断。一派秉持“城西说”，认为南汉昌华苑在广州城西荔枝湾附近；

另一派坚持“城东说”，以宋代《图经》为证：“荔枝洲在番禺县，南汉刘氏创昌华苑于其上。”《番禺县地名志》也有同样的记载：“北亭在市桥镇北12.8公里，属新造镇，据传南汉刘龑为帝时，常到岛上狩猎，并设昌华宫作为憩息地，北亭并有昌华市之称，是昌华宫遗址所在地。”

易西兵认为，从分布情况来看，南汉二陵当时应该是很受刘氏政权重视的，从当时的历史地理环境来看，小谷围离当时的广州城并不遥远，从中山四路出城在珠江乘船到小谷围也就三四十分钟。

南汉二陵的发现、史料的佐证，都让“城东说”的支持者认为，小谷围就是南汉皇帝狩猎、玩乐、祭陵的场所。当时的小谷围，草木繁茂，人烟稀少，是飞禽走兽的天堂。刘龑把这里当成皇家狩猎场可以理解，可他为什么要在这孤岛中修筑奢华别宫？为什么要把这里作为自己最后的归宿？

随着南汉皇朝的覆灭，昌华苑毁于一旦，但关于它的遗迹和传说，却保留至今。对此，民间用“风水宝地”来解释，大学城建成之前，北亭村旧市场便以“昌华市”命名，小谷围的南亭村、北亭村的名字，更是与南汉二陵密切相关。

2004年，康陵的发现被评为当年全国十大考古发现之一。随后，德陵和康陵被列为全国重点文物保护单位，合称“南汉二陵”，为广州大学城唯一一处全国重点文物保护单位。

康陵哀册文碑的发现，不仅明确了墓主人的身份和下葬年代，还更正了《广东新语》等文献史志对德陵和康陵的错误记述，解决了历史悬案。康陵是迄今为止所发现的这一时期唯一布局完整的陵园，围垣四隅双角阙和陵前设廊式建筑的建制也与历代陵寝制度有所不同。它将为研究中国古代陵寝制度的发展，提供新的材料。

易西兵说：“南汉二陵的发掘是五代十国考古的重要发现，有助于我们重新认识南汉历史，弥补我们之前对南汉认识的不足，也有助于我们重新评价南汉政权在广州以及岭南发展史上的作用。”

追忆“昌华八景”

原来驻扎兵马守陵的地方，演变成了两个村子——南亭村和北亭村。据专家考证，北亭村就是昌华别苑的所在地。虽然昌华宫已经成为历史，但昌华八景，却被写进了北亭村梁氏族人的族谱中。翻开《梁氏族谱》，我们仿佛又看到当年南汉王千骑追逐的盛大场面，看到昌华故苑的诗情画意。

所谓“昌华八景”，一景谓“荔子红云”。“荔子”即荔枝，“红云”指荔枝熟时，如红云一片。此景在北亭官山，该地旧有荔枝湾，沿河涌两岸栽种荔枝成片，荔枝熟时，两岸如红云一片，是为此景。

宋《舆地纪胜》载：“荔支洲在南海东四五十里，周回五十里，刘氏创昌华苑于其上。”当指此地。

还有一说，此景乃指广州城西之荔枝湾，刘龑在此建昌华苑。

二景谓“盘龙晓月”。景在北亭东面的盘龙岗。天色微亮，拂晓之时，一轮残月悬在西方半空，盘龙岗上，晓风轻拂，万籁俱寂。人观此景，身心陶醉。

三景谓“梅园香雪”。此景在亭梅山，即后来乡人所称之亭山。今北亭梁氏宗祠门联有“考卜亭山绵世胄”句；重修渭水桥碑文亦有“北溪公发迹亭山”句。

所指亭山，乃今北亭云梯、阜丰、博陵一带之山丘。据传此山丘过去曾遍植梅树，漫成梅林，梅花开时，远眺白茫茫一片；梅花飘落，如雪花飞絮，是为此景。

四景谓“马埗归帆”。此景在北亭村北，旧昌华市圩之东北角，今北亭码头以南。相传此地建有两座牌坊：一朝北，对着旧时水道（现已成路）；一朝西，对着现时后航道与官洲水道。朝西的牌坊遗址现为巷口，直出便是江岸，乃乡民观看扒龙舟“北亭景”的地方。牌坊下乃一水道，北接珠江，可通舟楫。南汉时，此水道是守护王陵部队饮马之处，故称“马埗通津”。

过去此地人多从事渔业，夜幕降临，村中炊烟四起，不少乡民站立此处，翘盼亲人归来，游人亦在此马埗着归帆。待帆船从官洲水道湾进此河，到牌坊下停泊，舟楫相接，帆影片片，渔灯闪烁，相衬牌坊伫立河岸，构成此景。

五景谓“渭桥烟雨”。渭水桥在北亭崔地，俗称高桥。宽约1.8米，长约10米，桥面用3块石板并排构成，桥下河道宽约6米。两岸建有乔门大街门楼与渭水大街门楼。

《渭水桥重修碑记》镶嵌于“桥门坊”墙内，叙渭水之由来、建毁之历史及重修捐款人名和数目。碑文大意为：崔族之远祖亮，在北朝时为雍州刺史，曾建渭水桥以便民；迨至南宋时，崔族“北溪公发迹亭山，设斯桥于宅右”。

渭水桥为3块花岗岩长石并成的梁式桥，如今仍是北亭村居民每天往来的通道

为纪念先祖，北溪公仍以“渭水”做桥名。

桥历南宋、元、明三代，至清初已有倾颓，崔族人遂于乾隆十四年（1749年）立秋重修，至乾隆十五年（1750年）二月竣工，至今已270余年。此景在“昌华八景”中保存最为完整。

六景谓“水云古寺”。遗址在今青云里口“路接青云”门楼以南100多米处，山云天岗的半山腰上。建寺者乃北亭梁族长房18代传人梁文俊，相传他在清雍正年间为官失意，回乡结庐于此，题镌红石门额“水云”二字。该建筑本来并非真正的寺庙，只因主人自称“资福（寺）传灯”，更内供佛像，早晚诵经，故乡人以寺称之。

全寺坐东向西，当年山麓并无房屋，站在寺前远眺，郁郁葱葱，一望无际。每到清晨，寺钟响起，回荡于乡间，乡人亦晨出劳作，是为当年北亭八景之一“水云晨钟”。

七景谓“蟹泉煮茗”。蟹泉在北亭村东南松岗脚下，乃一古井，故称蟹泉井，乡人简称为“蟹井”。相传原是建于南朝的小谷围名寺资福寺之香厨所用。过去此井之水清澈甘洌，井外四周竹丛连片，草木繁茂，环境极为清幽，在此品茶下棋，抬头望松岗翠绿，丘陵蜿蜒；远眺田畴连片，珠江水色，实为一大乐事。

八景谓“松岗夕照”。松岗又称东山，在北亭村东南，东连盘龙岗，岗麓曾建有东山庙，有石级可登，距蟹泉约百米。东山不高，但风景怡人。

几百年前，庙西山麓并无围田，山脚下不远已是海滩。浪涛拍岸之声可闻，海风吹过，又可闻松涛之音。黄昏时，夕阳西下，倚寺前栏杆远眺，视野开阔，珠水滔滔，映衬晚霞满天，是为“松岗夕照”美景。每当旭日初升，又别是一番风景。

在山下看东山庙，东方天空霞光万道，成东山之背衬；绿叶竹丛，显得格外艳丽；霞光反照于江面，如泛彩流金，璀璨缤纷，这便是北亭八景之“东山旭日”。

在“昌华八景”中，保留最好的就是“渭桥烟雨”了。沿着北亭村渭水大街一直走，可以看见一座石板桥横跨在“璜溪”上。桥的两岸，各有一座门楼。“乔门”门楼内墙，镶嵌着一篇《渭水桥重修碑记》，记载了渭水桥的历史和重修经过，落款为“乾隆十五年重修”。而“渭水”门楼内的一块“办理平渠碑记”，落款是“光绪三十三年立”。这么一算，渭水桥至今已经有270余年历史了。

何志丰说，《崔氏族谱》里有一位叫“醉经愚”的人有诗咏之：“故苑昌华杨柳萋，百花桥畔杜鹃啼。刘皇事业今何在，荔子湾前日已西。”诗人对昌华八景经过千年往事已灰飞烟灭发出喟叹。

时代沧桑巨变，现代人很难想象“渭桥烟雨”诗情画意。可是北亭村的村民们都依稀记得，十几年前，渭水桥两侧古树参天，桥下流水潺潺，行人穿梭不绝的景象。

昌华八景之“荔子红云”

在中国历史上，有过3个小朝廷在广州建都称帝。南汉一朝仅延续55年，在广州建城2000多年历史中，不过是电光石火，转眼即逝的一瞬间。但正是这短短的55年，让广州城这个曾被中原视之为瘴乡恶土的地方，俨然有了首都气象；让小谷围这个四面环水的江中孤岛，打下了皇家的烙印。

2019年5月17日，基于南汉二陵的重大考古发现，历经4年工期，广州番禺小谷围上的南汉二陵博物馆开馆，这是目前华南地区唯一具有“皇家血统”的皇陵博物馆。在2003年于康陵出土的素胎无釉木瓜、菠萝、香蕉、马蹄、慈菇、桃、柿等祭品，还有镇馆之宝“哀册文碑石”都是第一次在公众面前亮相。

南汉国的版图包括了今天广东、广西、海南、贵州和云南部分地区，是五代十国中疆域面积较大的国家。南汉国一方面远离中原政治中心，偏安一隅；另一方面依靠海上丝绸之路，发展对外贸易，其国力日益强盛。相传南汉王不仅拥有来自世界各地的珍宝，还有来自波斯的宠妃“媚猪”。昌华八景中，“荔子红云”的传说，就与媚猪相关。

“媚猪”深得皇帝的欢心，自是红云宴的主角。而番禺盛产荔枝，尤其是荔枝洲一带，漫山遍野都是荔枝林。昌华宫内，更是红云朵朵，美不胜收。宋人顾文荐在《负暄杂录》一书中，就留下了这样的记载：“南汉刘鋹每岁设红云宴，则窗外四壁悉皆荔枝，望之如红云然。”

具有上千年历史的红云宴，到底吃什么，如何吃？这些已经无从考究，但是古人的情致，却让现代人心驰神往。

南汉德陵出土的随葬品

“按照史料的记载，这个时候的红云宴上，人们是边喝酒边吃荔枝，同时观赏荔枝的，也可以说在当时，荔枝已经被做进了饭菜里面。”广府民俗专家屈慎宁说。屈慎宁一直致力于挖掘和发扬番禺饮食文化。经过数年的悉心研究，他重新设计出一份红云宴的菜单。番禺宾馆则在这份菜单的基础上加以创新，还原了千年以前的美味。

俗语说：“一颗荔枝三把火。”番禺宾馆用于制作红云宴的荔枝，在烹饪前均以淡盐水浸泡，不易上火。另外，每一款菜式都别出心裁地利用“凉性”食材与荔枝搭配，起到清热降火的功效。比如“红荔焗茶香鸡”，将荔枝清甜融进茶香鸡中，别有风味；“金丝桂鱼球”，光看卖相就已令人食指大动；“荔枝蝉鸣”用咸蛋、荔枝肉与冬瓜的配合，让人耳目一新、印象深刻。厨师们通过高超的技艺，将荔枝巧妙地运用到各个菜品之中，让我们通过味蕾，领略到了南汉的神秘与奢华。

番禺宾馆的红云宴，慢慢地演变成了“食在广州”的又一张名片，尤其受返乡港澳同胞的欢迎。

今日的红云宴，品的是一个王朝的兴衰、一次对历史的回眸。

昌华已不再，但南汉国的故事，会在广州这片土地上一直流传，南汉国的更多秘密也等待更多后人慢慢挖掘……

扫码观看
纪录片《昌华别苑》

第二节 海云传奇

在番禺历史上，大概没有哪一座寺庙像海云寺一样富有传奇色彩。因海商捐建，它建成于南汉，又因一代高僧天然法师的入驻，吸引一大批追随他的和尚、居士，在清末民初香火鼎盛之极，它被誉为“粤中四大丛林”之一。然而历经战乱和十年浩劫，如今寺庙已无踪无影，除了村舍、花田和青山之外，曾经的一代名寺似乎从来没有出现过。值得庆幸的是，如今在地方政府的牵头之下，海云寺重建已进入政府规划。

一位僧人身后的一群人和一座寺庙

海云寺，始建于南汉，原名隆兴寺，相传是由贾胡也就是洋商马罗连为酬谢佛恩而兴建。隆兴寺还有一俗称为“金瓯寺”，据说，北宋时期苏东坡被贬岭南，曾经到寺里参禅游览，游览之后，挥笔为寺旁的道路题匾“金瓯古道”。今天，在番禺的陈边村里，依然可以找到它的影子。

关于海云寺在清初的扩建工程，民国《番禺县续志》收录的《雷峰海云寺碑记》讲得相当清楚：“戊戌（顺治十五年，即1658年），大雄宝殿落成，复铸慈氏如来。甲辰（康熙三年，即1664年）前殿成。鼓钟考于己亥（顺治十六年，即1659年），藏经归自辛丑（顺治十八年，即1661年）。伽蓝重阁建自己酉（康熙八年，即1669年），左右廓庑营于丁巳（康熙十六年，即1677年）。”康熙年间，海云寺已经成为声名远播的岭南一大佛教丛林。

为什么海云寺在岭南文化史上，占据如此重要地位？这不得不从海云寺主持函昰（天然法师）说起。

函昰，俗名曾起莘，生于明万历三十六年（1608年），番禺人。据说其从小聪敏多思，才学过人。13岁读《易》，所提问题让塾师答不上来。生于明代后期的函昰，自小对社会的黑暗、战乱的频繁有所见闻，因存出家之念。崇祯十二年（1639年），已是举人的他上京参加会试，途经江西时，在庐山归宗寺削发为

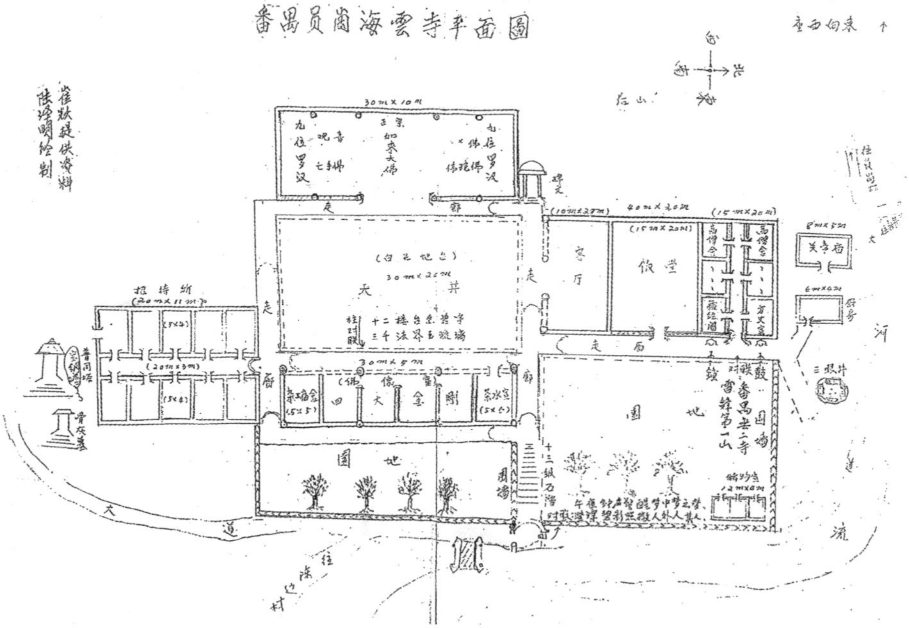

番禺员岗海云寺平面图

僧，成了曹洞宗三十三传法嗣，法号函昰，自号天然和尚。两年后函昰回粤，地方名士邀请他在光孝寺说法讲佛，并结净社，以诗唱和，交游砥砺。清兵攻占广州，他安身于海云寺。

在封建社会求取功名，尤其是中举之后的更上一层楼，应当是知识分子的首选之路，而函昰为何在正值盛年且仕途光明之时出家，历来有两种解释：一是因为函昰自小即受禅法，生有异禀，与众不同；二是因为他面对明末乱世，看破世缘，对佛教心存向往，欲参透禅机。如今更多研究者认为，这两方面的影响都存在，但更多的是一个知识分子对形势的正确估计。函昰出家之初，正值明朝末年，随着农民战争和清军的入关南下，大量的明遗民流离失所，这时函昰主持的海云寺便成为当时环境下人们的一个理想去处。于是明朝的官员和文人，便有不少投奔函昰门下，或出家，或成为居士。海云寺就这样开始了它富有文化意义的传奇。

海云寺清初香火鼎盛，被誉为“粤中四大丛林”之一，这与函昰以及追随他的这批弟子、信众有很大的关系。这一批人到底有多少呢？据清代曾被列入禁书的《海云禅藻集》记载，函昰的亲朋、弟子留下诗文者便有128人。和函昰一样，这些生活于明末清初的僧人中既有“缙绅遗老”，也有对清廷不满的文人墨客，他们既把出家信佛作为一种逃避，更将其看作人生的归宿。

虽然身居寺庙，但这批昔日的官员和文人保持着对时局的密切关注，为抗清事业每一次小胜欢呼，也为一次次挫败和志士的死难而悲痛。函昰的弟子、被后人誉为“岭南三大家”之一的屈大均，在海云寺出家时，就把居所定名为“死庵”，但他当了12年僧人，却从未守空门念经度日，而是以僧人身份为掩护，联络各地仁人志士反清复明。不过并不是所有知识分子都像屈大均一样“刚”，随着清廷统治逐渐稳固，如梁佩兰、陈恭尹后来就重新出来做官，更多的则是遁迹空门，隐于民间，潜心著书立说或者一心向佛，海云寺的许多僧人走了这条路。

海云寺推动了岭南文化的发展

函昰不仅是一个出家人，他在文学、诗歌、书法领域也都相当有成就。

位于雷峰山麓的海云寺在函昰主持之下的那个时期，是僧人诗情洋溢的时期。许多僧人和居士承袭了中国儒家文化人喜爱舞文弄墨的特点，指点江山，洋溢诗情。虽然他们的诗中已经没有了“青山葬忠骨，马革裹尸还”的豪情，取而代之是风花雪月、小草清溪的低酌小唱，甚至越来越多的梵音占据诗文主题，但依然能从他们的诗文中感受到知识分子特有的正气和傲骨。

函昰与师弟函可、徒弟今释并称为清初“岭南三大诗僧”。以函昰为核心，以“今”字辈弟子为骨干的诗僧群，延绵数代，留下别集达到百余种，可能是中国有史以来最大的诗僧集团。他们与文人士大夫广为唱和，不仅促进了禅文化的繁盛，也推动了岭南诗文和岭南艺术的发展，“海云诗派”和“海云书派”为当时的岭南书坛注入了一股清新的气息。

陈永正，中国书法家协会原副主席，中山大学中国古文献研究所研究员，他和同事们在古文献研究中就特别关注到“海云诗派”与“海云书派”这一特殊现象。

“‘海云书派’是我提出的，我的师兄马国权先生也多次说过。我们曾编了本书叫《天然禅墨》，收录函昰的书法、诗作。明清之际，广东不少气节之士出家为僧、参悟禅理，函昰的书法有独特的地方。”陈永正说，“如果没有天然和尚提供的场所，没有天然和尚的个人魅力，这些遗民是不可能生存下来的，要么自暴自弃，要么战死沙场。函昰实际上保护了一批明朝的遗民，为他们提供了精神家园，因而创造了岭南的文化诗派和书派，他在这方面贡献很大。”

一代高僧天然和尚成为众多明朝遗民的庇护者、引导者。于是，以天然和尚为核心，以海云寺为基地，以天然“今”字辈的弟子如今无、今见、今释等为骨干，开枝散叶，洞宗的寺院如雨后春笋，生机勃勃。据后人统计，海云寺人数最多时曾达到3000人。

今天我们能看到的“海云诗派”诗作有近1100首，这其实也成了研究番禺文化史的重要资料。脱俗的僧人、居士，在无形中成为人世间一段历史的记录者，这恐怕也是他们在当时始料不及的。

曾经香火鼎盛的海云寺到底在哪？

海云寺既是岭南传统文化的胜地，又是清初岭南佛教中兴的名地，被誉为“粤中四大丛林”之一。可是时光荏苒，曾经赫赫有名、香火鼎盛的千年古刹已经消失在时光中。当年的海云寺到底在哪里？

雷峰山是番禺员岗与陈边村之间的一座清幽秀丽的小山。这里，就是清代名动一时的海云寺的遗址。当地的长者，还保留着对海云寺的记忆。

雷峰山是村民梁镇洪童年玩耍的地方，他对这里有着一段特殊的记忆。1957年，上小学六年级的梁镇洪和同学、老师四五人来到雷峰山上，很意外地发现了一个地方。

梁镇洪回忆道：“当时海云寺剩下一座不知名的塔，还有个小入口。我和几个同学搬开入口的石头走进去，发现里面很窄很黑，只能容下一个人的身子。印象中里面有一格一格的东西，应该是骨灰，用白布袋装着，有一股异味。”

海云寺毁于抗战时期，1940年番禺沦陷，一些无赖胁迫海云寺住持交出田契后将住持杀害，强令僧人解散，寺宇亦被拆毁，部分材料被“市桥皇帝”李辅群运去建“群园”（现为番禺区老干部活动中心）。禅院斋堂则最后毁于1958年“大跃进”期间，村民将寺庙的石头、砖瓦拿去建了水闸、猪圈和鸡舍，一代名刹被夷为平地。

海云寺古井遗址

海云寺这段富有特色但鲜为人知的历史，堪称一个富有传奇色彩的文化故事。在明清交替之际，这座寺院声名大振成为名刹时，也由僧人们创造了文化的灿烂诗篇，文与禅相呼应、僧侣与居士相扶持，一段地方文化史一挥而就。

为了追寻这独特的记忆，番禺区政府曾经多次组织专家召开研讨会，并到海云寺遗址附近村庄寻找当年曾经到过海云寺的老人，请他们回忆印象中海云寺的格局、布置情况。员岗村90岁的老支书崔耀曾回顾海云寺格局的大体情况："海云寺依山而建，坐西向东，占地10多亩，当时寺里住着几十个僧人，红棉高竖，古榕如盖。正门的门楹题写着'午夜钟声惊醒梦中之梦，澄潭碧彩照澈人外其人'。入正门后拾级而上，一进花园，中间是正殿，两侧是僧舍和斋客房，正殿中有围墙，中有一天井。正殿右侧有一庭院，北门上有一副对联：'番禺无二寺，雷峰第一山。'……"20世纪30年代，香港著名学者陈荆鸿先生到访海云寺时，寺中景况已现萧颓："只见一切建筑物都已破败不堪，但顺治年间所铸大钟，款识还可以辨认。放生池前的碑石，仍然存在。天然和尚手书的匾额，也一样高悬在饭堂间。"

在如今的番禺博物馆，还保有出自海云寺遗址的残片，其中最有意思的，当属“澹归碗”。其背后还有着一段不寻常的故事。

“海云寺很多和尚修行都很高深，其中的第四法嗣澹归，法号叫今释。他原本是个进士，是南明的重臣，却心甘情愿做只是个举人的天然和尚的徒弟，这实属少见。”广州民俗文化研究者崔志民介绍道。

澹归初入佛门，天然和尚知道他曾经在南明朝廷担任要职，可是如果不去火气，难成大器，于是安排他在厨房洗碗，磨其躁气。后来，澹归和尚在丹霞山创建粤北名刹别传寺，成为一代高僧。

藏于番禺博物馆的这块破碎的瓦片，会不会就来自澹归和尚曾经洗过的碗呢？

期盼海云寺圆满重建之日

随着海云寺遗迹被发现，重建海云寺的呼声越来越高，有关部门多次组织专家召开研讨会。尤其在文化学者、番禺民俗顾问梁谋的推动下，省市学者、番禺本地文化界知名人士20多人向番禺区政协发起了联名提案，倡议“抢救优秀文化遗产，重修岭南名刹海云寺”。

2005年1月17日，广东省政府参事黄伟宗向广东省委、省政府、省人大、省政协、省委统战部和国务院参事室等部门提交了《应即抢救广州海云寺及海云学派文化遗产》的参事建议。在2005年3月召开的广东省政协九届二次会议上，广东省政协原常委、民进广东省委原副主委、广东省政协原副秘书长林亚杰为第一提案人，包括广东省政协常委、中山大学教授、博士生导师在内的11位委员为提案附议人，联名提交了《关于重建千年古刹海云寺的建议》。在社会各界的不懈努力下，政府与专家学者及佛教界之间达成了共识。

从2008年开始，广东省规划重建海云寺。广州市宗教局安排市佛教协会副会长释有海法师负责海云寺筹建工作。2012年12月21日，时任广州市市长陈建华到番禺区调研时提出到海云寺旧址了解情况。抵达旧址后，他当场提出恢复重建海云寺，指出要在原址上重建才有历史意义。2014年，重建海云寺被广州市政府定为广州市100个重点项目之一。2017年，千年古刹海云寺定于原址重建，并于4月28日举行了洒净仪式。重建海云寺，让荒废的古迹在故地重现光明，将会永留史册，造福世人。在人们的热切期盼中，海云寺的重建工作紧锣密鼓地推进。

清初学者潘梅元曾经这样描写海云寺：“巍然壮丽远临江，夕照天花满石幢。岭外洞宗推第一，区中佛法此无双。”期待在不久的将来，海云寺圆满重建，福泽四方。

扫码观看
纪录片《海云寺》

第三节　菩山之美

这是一个有历史文化底蕴的古村，开村以来人才辈出，仅明清两代就出过5个进士、14个举人，在2007年被国家建设部和国家文物局评为“中国历史文化名村”。

这里也曾是一片热血之地，是赫赫有名的广州市区抗日游击第二支队（下称“广游二支队”）在禺南的一个抗日活动据点。

这里还是番禺有名的龙船福地，流淌着番禺人骨子里团结、奋进、敢为先的龙船精神……

大岭村，位于广州番禺石楼镇西北，其中包含大岭村本村（中约、西约、上村、缯棚）和龙漖村。大岭村至今依然保留着大量的古建筑和慢节奏的生活方式，青砖石街、古树老宅，这是一个有着古朴质感的村庄……

不忘根的后人

“各位祖先在上，今日陈仕炜和嫂子、侄子回来一起拜见各位，请保佑我们诸事顺利、万事顺意、大吉大利。”2017年5月的一天，番禺大岭村陈氏宗祠柳源堂内，陈仕炜按照番禺传统的开灯仪式进行上香、拜太公。这是游子回乡认祖归宗的一个重要仪式，此番也是陈仕炜第一次回到自己的家乡——番禺大岭村。

陈仕炜是思科大中华区董事长兼首席执行官，这次寻根之旅，让他感触良多：“父母跟我们说了很多次，番禺是我们的祖籍，但我一直都不知道自己的老家究竟在番禺哪里。有一次我回到加拿大，在父母坟前献花，发现坟前写着村名，我当时就抄下了名字，结果后来真的找到我们那条村。能够找到这里，并和600多个亲戚一起在祠堂门口吃顿饭，非常感动！”

除了寻根，陈仕炜还希望能为家乡的创新发展作出贡献。“番禺处于广深科技走廊，毗邻广州大学城，也是首批国家智慧城市试点地区。在粤港澳大湾区发展战略下，番禺拥有巨大的发展空间，希望思科能为这里积极贡献力量，助力下一个‘超级湾’经济区的打造。”陈仕炜说。

致力于挖掘村史的老人

陈仕炜能顺利找回自己的根，和大岭村一位叫陈华佳的老人家以及一本《大岭村柳源堂族谱》有着莫大关系。

陈华佳，番禺大岭村的一位退休教师。《大岭村柳源堂族谱》是陈华佳四叔于1945年至1947年期间主持编修留存的版本。为遵守对长辈的承诺，陈华佳用超过半个世纪时间守护这份族谱，即使在“文革”期间仍冒险保留它免于被毁。这批族谱资料，为后人寻根问祖提供了有力的证据，当陈仕炜寻根问祖而来，将家谱与《大岭村柳源堂族谱》一对照，马上得到确认。

族谱的存在，让大岭村很多“谜题”也被后人慢慢挖掘出来。大岭村又名菩山村，这个富有禅意的名字到底如何得来？

陈华佳经过多年的研究发现，原来这里还有一段古。“在清末民初时，一群做生意的文人，通过一次扶乩活动（请黄大仙降临）赐了一个‘菩山村’的名字给大岭村，也就是在这个时期，对黄大仙的信仰被引入大岭村。这批文人以自己是菩山村人为荣，对外都说自己是菩山人。”陈华佳说。

“扶乩”是古代一种传承久远的占卜方法，以箕插笔，两人扶之，书于沙中。古人相信，这样能够迎请仙佛降临、指点迷津。《惊迷梦》一书对大岭村的这次“扶乩”有记载。

陈华佳通过族谱查阅得知，参与这次扶乩活动的40多人中，有29人来自大岭村。后来他在陈氏后人家中发现当年在大岭创坛时使用的签筒。

陈华佳的这些发现，让他慢慢理出一条思路——黄大仙信仰在大岭起源，由此再往南海、香港、东南亚一路传播，这个说法得到了香港黄大仙协会、广州道教协会的认可。近年来，广州道教协会在大岭村马山岗选址重建了赤松宫。

枝繁叶茂的陈氏宗族

陈氏宗祠门前树立的禁约碑写道：“我大岭乡陈许二姓，聚族而居，历数百年，如同一家。凡我乡内屋宇及墟铺地盘，不得典卖与外乡人。”禁约碑上的内容印证了陈许两姓数百年聚族而居的事实。

随着历史发展，许姓家族逐渐式微，陈姓家族却越发枝繁叶茂。大岭陈姓祠堂林立，有陈氏宗祠、两塘公祠等，其中规模最大的便是显宗祠。

陈氏宗祠（善世堂）头门上雕工精美的梁架、斗拱

显宗祠是为纪念九世祖陈顺民而建，以美著称，头门的八层斗拱华丽庄严，梁上的木雕精美绝伦。祠堂的形制越高代表后代越兴旺，彰显着某个家族的兴旺与富庶。大岭当年最显赫的两个大家族都是显宗祠的后裔，其中包括功名卓著的陈仲良家族。

永思堂占地面积达三千多平方米，是大岭现存规模最大的古民居，具有浓浓的岭南风格。这里充满了闲适文雅的生活趣味，虽然已历经百年沧桑，但仍可窥见当年的气派。

陈仲良家族功名显赫，大岭历史上涌现出的进士和举人，大部分都是出自这个家族。据说，陈仲良为避免后代成为地主后不思进取，定下子孙不能买田的家训，故后代功名辈出，这也使得大岭重文尚文之风更加浓厚。

永思堂是陈仲良家族的祖屋，在永思堂门口，至今仍能看到一副对联：“一经传世德，七叶绍家声。”这说明陈氏家族历来重教，“七叶”就是指陈家七个儿子都有功名。92岁的陈国栋是陈仲良家族的第九代子孙，大岭村委为启动永思堂的重修计划，特意邀请他回乡，为修缮给出意见。

这里的建筑规划暗藏玄机

很多人认为，大岭村人才辈出与村子的风水有关。有山有水，这是大岭村自然环境的最大特点。

菩山环座后，玉带绕门前，玉带河环绕着整个大岭村，几百年来，滋润着这片风水宝地，使大岭人文郁盛。大岭街巷呈鱼骨状分布，处处与村落水系相通，肌理清晰，全然彰显了科学与诗意、地理与布局的艺术。

“一般村落选址一定要有靠山，大岭村前面有玉带河，像一条腰带，后面有菩山，整个村就是挨着山来建的，村落通过一座桥与外面沟通，这就是所谓的风水布局；而从现代环境学角度来看，村落背后有山就会有绿树，形成一个‘冷源’，这样村前祠堂就会比较荫凉。”陈华佳说。

大岭村玉带河上的显宗祠前有一座文笔塔，当地也称之为“大魁阁”，有诗云：“大魁阁塔似笔，倒写天上文章。”玉带河上的这座大魁阁，建于清朝光绪年间，承载着的就是大岭对功名的渴望。

大魁阁似笔立于研墨池边，与显宗祠彼此呼应，暗藏着的是中国古代风水布局的智慧。古人笃信，修建文笔塔可以使地方功名昌盛，巧合的是，大魁阁建造前后一百多年里，大岭的确名人辈出。不仅是大魁阁，整个大岭的建筑与

横跨在玉带河上的龙津桥

2008年修葺一新的大魁阁

规划处处暗藏玄机。

即使从现代的眼光来看，大岭村也是处处美景，这里的小桥流水村落，吸引了许多艺术创作者来这里寻找灵感。画家曾海亮是大岭村的常客，“我们每一次来大岭村，都要去横街小巷走一走，大岭村是令我们非常向往的地方，古村里面有祠堂，有小桥，有流水，比如我今天来时，研墨池里的荷花已经长出来了，所以我会选择来画一幅我心目中的大岭村的作品。”曾海亮说。

这里，也曾壮志满怀。

大岭村背靠狮子洋水道，紧挨水上交通要道玉带河，水路便捷再加上有山峰掩护，在抗战时期，大岭村还曾是广游二支队在禺南的一个活动据点。

1939年5月，广游二支队司令吴勤在番禺大石（今番禺区大石街）成立俊杰抗日同志社，宣传抗日救国，其中一个分社就位于大岭村。陈国栋的父亲陈超当年是广游二支队的队长 。

“我们小时候，常有游击队员来大岭，为首的人名叫吴勤。一有游击队员来到大岭，我妈妈就在隔壁的房子煮饭给他们吃，有时来十个八个人，夜晚悄悄来的，我们都不知道。后来队员来得越来越多，有些老师也来了。”村民陈振华回忆道，“在我几岁大时，爸爸也参加了游击队。”

道不尽的家国情怀，诉不完的人间沧桑。大岭小学校门前的烈士纪念亭纪念着14位大岭村英烈，其中6位牺牲于抗战年代。在那个动荡不堪的战乱年代，有多少热血的大岭儿女投身救国运动中！

大岭便利的水上交通，同时孕育了这里浓厚的龙船文化。

每年的五月初一是大岭岳溪龙舟景，早上九点开始擂鼓声鸣，玉带河上由此热闹起来。大岭龙船景在番禺赫赫有名，这一天相邻的兄弟乡村纷纷扒着龙舟来到大岭这边趁景，这是龙船传统习俗——“探亲”，邻村以龙船互访的方式，来维系宗亲乡情。大岭，素有“龙船福地”之称，皆因这里有闻名番禺的黑白二桡。

白桡、黑桡以其龙船桡的颜色命名，白桡以速度快闻名南粤，大岭“白须公”，响起锣鼓会飞冲，正因为白桡每次参加龙舟竞赛都载誉归来。

黑桡本是岑村的龙船，只因龙船在当地总是漏水沉船，据说因为岑村的“岑”与“沉”谐音，而大岭又名菩山，“菩”与“蒲”同音，因此岑村的父老把龙船送到大岭。神奇的是，这只龙船来到大岭后，非但没有再次沉船，而且还为大岭村夺得了不少荣誉。因此，大岭就有了“龙船福地”之称。

大岭有“龙船福地”之称，不仅因为这里的龙船快，还因为这里的人有着番禺人骨子里的龙船精神——团结、奋进、敢为先。

往事越前年，番禺人才辈出。多少番禺子弟，从这片土地走向更广阔的世界，再反哺这片土地。菩山之美，是古桥流水间的温润，是尚文崇德的传统，是保家卫国的英烈，是游子反哺家乡的深情。

扫码观看
纪录片《菩山之美》

第二章 根脉

第一节 留耕心田

它，并非一座普普通通的乡村家族祠堂；它，文化渊源广博，积淀着近800年的岁月沧桑。

它，凝聚着无数民间艺匠的智慧和心血，闪耀着“岭南古建筑综合艺术之宫”的灵光……

留耕堂位于广州市番禺区沙湾镇，为番禺沙湾大族何姓的大祠堂，是广东乡村祠堂建筑的典型代表，是广州年代久远、布局严谨、规模宏大、造工精巧、轩敞雄伟、格调高雅的岭南古建筑。留耕堂得名于该祠堂的对联：“阴德远从宗祖种，心田留与子孙耕。”

留耕堂始建于元代至元十二年（1275年），后几毁几建，现规模是于清康熙年间扩建而成的。1989年被广东省人民政府列为省级文物保护单位。2019年10月，被国务院公布为第八批全国重点文物保护单位。

自2012年起，每年在番禺沙湾留耕堂里都会举行一场隆重的传统“开笔礼”。孩子们身穿汉服，由司礼官带领，正衣冠，拜孔子，朱砂启智，开笔启蒙。这标志着学童从此开始习礼识字，正式进入读书学习阶段。

“开笔礼”活动中，老先生手把手教孩子写“人”字

“开笔礼”活动庄重而热烈，每一届活动都有很多家长携着孩子慕名而来，参与其中，一同在这高雅、恢宏的大堂里，聆听着中华文明穿越千年的深沉回响。

这座宏丽敞亮的大祠堂，究竟经历过什么？隐藏着多少不为人知的秘密？留耕堂留住的，又是什么呢？

留耕堂，是沙湾何氏宗族的大宗祠。从南宋开始，何氏宗族先辈在沙湾耕读兴业，礼乐传家。历代族人依礼制多次扩大重建，现在的规模，是清康熙三十九年（1700年）起，共花了17年时间扩建而成的。全祠占地面积共3334.25平方米，按明代嘉靖年间所订“品官家庙”规制中四品官的规格建造，为五开间、五进深建筑形制。

追念祖先，是中华民族最古老、最淳朴的情怀。数百年来，留耕堂屹立于天地之间，让历代何氏族人瞻仰和缅怀祖先，通过举行各种隆重的仪式，可以和祖先神明相感应，并得到佑护。所以，留耕堂也是传统礼教家风的启蒙与弘扬之地，仿如神圣的殿堂，述说着谆谆的箴言。

仪门

进入留耕堂头门后，首先看到的是一座高高的仪门，门匾题写着“诗书世泽”。这是明代鸿儒陈献章对沙湾何氏宗族历代文脉传承、科甲不断的高度赞誉。后面刻着“三凤流芳”，纪念北宋同中进士的何氏远祖兄弟三人。其中何栗不但高中状元，官居尚书右仆射（副宰相），还成了当朝的驸马，跟皇帝有了姻亲关系，所以这座仪门可以堂堂正正地使用龙来做装饰，以示尊贵与威严。

月台

穿过仪门往里走，是个大天井，这里有高高的须弥座石平台——月台，是前人用来祭祀祖先的构筑物。月台的正立面由15块砺石浮雕华板组成。每块都雕出象征祥瑞的飞禽走兽。正中一幅石雕叫“老龙教子”，印证了何氏宗族历代积极鼓励子弟考取功名、忠孝传家的传统思想。

留耕堂仪门后面刻着“三凤流芳”，纪念北宋同中进士的何氏远祖三兄弟

大堂

月台后面，就是大堂“象贤堂”，名取“效法先贤”之意。这里是何氏宗族历代绅衿父老商讨和决定全族大事的地方，也是拜祖、待客的地方，所以空间特别高大开阔，富丽堂皇。

因为何氏祖先官至四品，按照朝廷规制，大堂采用五间七架的规模，大堂共用了28条柱子，面积是460平方米，这么大的大堂，在整个番禺来说都是很少见的。

在象贤堂里，陈列着一块明初的木牌匾，上面题写着“大宗伯”。“大宗伯”是指沙湾何氏第二代，何德明的长子何起龙，官至太常寺卿，沙湾之所以被称为“音乐之乡”，其源头也正是何起龙精通礼乐，流传后世。这个官名在周朝也叫“大宗伯”。何氏后人说，用这个代称尊敬祖先，是给后世的子孙来崇拜的，就好像对后人说：“我们祖先有这样的荣耀，我们世世代代都要去努力向他学习。”

格局规整的留耕堂

后寝

后寝，是栖居祖先灵位的寝堂，属全祠的第五进，也是继承儒家孝道思想的标志性建筑。这副对联“阴德远从宗祖种，心田留与子孙耕”就是留耕堂得名的出处。它不仅显示了何氏宗族先辈将品德、功业留予后世的良苦用心，而且教导了族人必须积德创业、为后人造福。

关于留耕堂的建筑艺术可以探究的太多了。这座有着800多年历史的建筑，对研究古建筑具有重要的历史参考价值，凝聚了珠三角建筑工匠的聪慧与血汗，是该地区的社会、经济、文化发展水平的象征。

1983年，号称“七国院士”的中科院院士、考古专家夏鼐老先生率领专家组到番禺来参观，他当时就参观了留耕堂。看完后，大为赞赏，他说：“这简直可以称为‘岭南古建筑综合艺术之宫’。”

归隐田园，在沙湾开枝散叶

沙湾何氏宗族发源自庐江郡，得姓之祖名瑊，是战国七雄中韩国的公族大夫。南宋年间，何氏宗族第55代何人鉴（字德明），辞官归隐田园，选定了当时还地广人稀的沙湾，携家从广州清水濠迁来定居繁衍。可以说，何人鉴是一个非常有智慧的人。

何人鉴向官府买下了沙湾大片官荒田园土地，命子孙亦耕亦读、勤奋开拓，为家族奠定了良好的经济基础。而历代族人在他的教诲下，不仅使族田面积不断扩展，积累了财富，而且培育出不少良才俊彦。此后，沙湾何氏逐渐发展成为岭南的名门望族。

何氏后人何润霖说："我们的先辈在农耕上积聚了一定的资产之后，就培养、鼓励子孙学习文化，多读书，争取出人头地，反哺家族发展，后来家族出了很多人才，帮助家族实现了进一步发展。所以培养子孙与反哺家族两者间有着密切联系。耕读文化，是中华民族世世代代流传下来的一种很好的生存之道。"

何氏家族富庶起来后，最看重的是对子孙后代的教育，耕读传家，重文兴教，历代不少人考取科举功名。留耕堂前，现在依然保存着象征功名荣耀的旗杆夹，供人瞻仰。近代以来，何氏宗族后人在文化、科学、教育等领域，人才辈出。当中，有广东音乐"何氏三杰"，中国科学院院士、对国家科技有杰出贡献的何炳林等彪炳青史的人。

白云山祭拜祖先

2019年的清明时节，空气清新。沙湾古镇文化中心广场前，停着八台大巴，男女老少数百人将一同从这里出发，前往广州白云山祭扫祖墓。这便是从古代延续下来的一种敬宗拜祖习俗和思亲仪式，民间俗称为"拜太公"。

白云山上的"何人鉴家族墓"，始建于南宋咸淳三年（1267年），历代均有重修，如今保存了清代的墓貌。参加"拜太公"的人群陆续抵达，拜祭完的都自觉下山，把地方留给别人。因此，人流虽多却不拥挤。很多父母带着小孩来参加，大家都用这样的方式，让孩子们记住这位开创并推动家族经济、文化、教育发展的先人。

云台花园的"姑嫂坟"，是留耕堂后人每年拜祭、追思的另一个重要地点。这里，安葬着何人鉴的妻子和妹妹。"姑嫂坟"所流传的孝行故事，也成了700多年来珠三角地区广为称颂的传奇。

据说，何氏始祖太公在广州居住，但因为经常要出外奔走，家里只有靠老婆和妹妹孝敬自己的老父亲。老父亲一直都多病，两姑嫂服侍老人家直到他终老去世。老人家辞世后，嫂因为长期过度劳累先过世，姑又因为悲伤过度，上楼阁拿寿衣不慎失足跌下，亦在同一天过世。她们两人的孝义故事，一直在广州地区流传，几百年间成为家庭邻里间的孝道典范，在重视"孝"的传统文化中，"姑嫂坟"刚好迎合了传统，也集中体现了这种传统文化的精髓。

在敬宗拜祖的人群中，不乏从清远等外地赶来的。路上虽然下了特大暴雨，但丝毫没有影响大家“拜太公”的热情。

“拜太公”活动完成后，人们回到沙湾已近傍晚。和往年一样，大家都围坐在村里，共进晚宴，在欢声笑语间感受浓浓的手足亲情。

沙湾老宗长何孔老先生现场向大家表达祝福：“祝愿留耕堂这个大家庭枝繁叶茂、人才辈出！恭祝在座的各位身体健康、财源广进、家庭幸福！”大家把掌声祝福送给了这位仍身体健康的老宗长。

“为天地立心，为生民立命，为往圣继绝学，为万世开太平。”曾经的圣贤之道，仿佛还在耳边回响，农耕时代已经渐行渐远，但家族历史文化和良好家风的传承，在今天已翻开了崭新的篇章。

今天的沙湾古镇，热闹的旅游带旺着这里的一切，客似云来，熙熙攘攘。而恢宏古朴的留耕堂在微风中巍然矗立，用它自己最独特的方式向世人展示着风采，保留着这方土地血脉上的根、心灵上的魂。

扫码观看
纪录片《留耕心田》

第二节 修善之路

在番禺的陈姓老人，大多听过“善世堂”。善世堂，位于番禺区石楼镇，是奉祀陈族六世祖陈道明之祖祠，也是番禺四大名祠之一。这座历经500年风云变幻的祠堂，曾经因为抗倭名将题写牌匾而名扬四海，也曾因为艰难的修缮之路而备受关注。而如今，善世堂恢复了往日的瑰丽壮观，并孕育着新的生命与内涵。

抗倭名将题写牌匾　曾经的神工意匠

善世堂始建于明代正德年间，后于清代康熙年间开始重建，存世约500年。善世堂之所以声名远播，还要从悬挂于中堂横梁的烫金牌匾说起。

据说，抗倭名将戚继光被奸臣陷害，被贬到广东做总兵。有一次，戚继光在石楼街上见到一位白发苍苍的老人叫一个小孩“阿叔”，并向他行礼。他十分疑惑，后来才知道，原来这个小孩的辈分比老人家大，因此即使是老侄嫩叔，也都按照原来的礼制、伦理称呼。在石楼的一系列见闻，让戚继光连声赞叹“真乃

悬挂在善世堂中堂的烫金牌匾上，刻着民族英雄戚继光留下的“善世堂”三个大字

善世人家！”欣然写下“善世堂”三个大字，后制作成匾额挂在陈氏宗祠的中堂之上。

这块“善世堂”匾额与苏东坡题写的“六榕”匾额一同被《中国名匾》一书收录，是广州仅有的两块被收录在册的匾额。

“我第一次看到善世堂吃了一惊，它年代很早，工艺却非常精美，完全可以媲美陈家祠，而且它的时间还比陈家祠早，番禺还保存有这么早的一个祠堂，非常难得。”程建军是华南理工大学建筑学院的教授，主要从事传统建筑保护修缮工作，曾主导过广州光孝寺、开平碉楼等多项文物建筑的保护修缮工程，2012年他主导了善世堂的修复工作。在他看来，善世堂的建筑形制和规模在广东的祠堂中十分少见。

祠堂的进深普遍为50至60米，而善世堂进深竟达98米，在广东省古祠堂中非常罕见。据族谱记载，善世堂原占地面积达到4000多平方米，清朝重建时，耗时41年，耗费白银7000余两。

虽然2012年修缮前的善世堂已是非常破败，但仍深深震撼了程建军及其团队。他评价说，善世堂材美工巧，很有层次和逻辑性，应该是当时很有水准的匠师来进行设计的。

其实在石楼本地也流传着这样一个典故：建造善世堂这批工匠，都是大有来头的，北京城有一位王爷，准备建造一座祠堂，便派人到南方采购木材，招募工匠北上。只可惜，这位王爷后来落难，这批名贵的木材被卖给石楼陈族，工匠也流落街头，陈氏族中主持修祠之人见此，就用高薪聘请这批工匠回乡建造祠堂。这批工匠为感激石楼人在患难时伸出援助之手，便倾尽毕生才能修建善世堂。假漏窗、砖雕漏窗……善世堂每一个细节都彰显着古人对美和艺术的追求。

善世堂的美，还在于其内部的工艺。它除了是一座祠堂，还是一件糅合了多种艺术形态的建筑珍品。善世堂的木雕、石雕、砖雕和灰雕技艺高超，尤其是木雕技艺，堪称鬼斧神工，每一根横梁都精雕细琢。现存放于陈家祠的木雕神楼源自善世堂，神楼采用宫殿式布局，金碧辉煌，于1958年筹建广东民间工艺馆时被征集。

修缮之路多坎坷　众人拾柴火焰高

如今在世人眼前的善世堂，雕梁画栋，气派非凡。难以想象，在启动修缮之前，这里只剩一片断壁残垣。

“大跃进”时期，中国很多古建祠堂被拆得片瓦无存，祠堂的建筑物料被挪作生产建设用途。善世堂虽躲过被拆一劫，但命运同样坎坷。

从20世纪50年代后期开始，善世堂先后被用作学校、工厂，为了适应生产需要，善世堂内部的地面、墙体、结构均受到不同程度的损坏。历经几十年的风吹雨打，这座500年的古祠早已伤痕累累。20世纪90年代末期，工厂搬迁，善世堂的大门被紧紧关上，从此藏在深巷无人识。

“这间祠堂实在是美不胜收，无论是木雕、砖雕、石雕还是灰塑，都有一定的艺术性，如果任其破败湮灭的话，就太可惜了！”陈树明是善世堂修缮委员会的组长，为了让善世堂再现昔日风采，2014年，他连同10位陈氏父老乡亲组成修缮委员会，加入善世堂的修缮工作中。

其实在此之前，善世堂也经历过两次修葺。早在1956年，当地政府对善世堂很重视，拨出专款进行重新粉刷，但在移作他用的几十年间，善世堂却是越

善世堂旧貌

来越破败。1989年，村民动员港澳同胞以及海外华侨集资30多万元进行修葺，但这次也因经验不足，遭遇了资金缺口的问题，修葺工作停顿了下来。

善世堂建筑面积达1900多平方米，修缮成本太高，仅靠村民集资难以成事。善世堂的修缮之路举步维艰，直到一位94岁的老人陈俭文的出现，事情才有了转机。

2012年，原广州市文广新局和番禺区文物办先后拨款将近100万元，村民捐资300多万元，陈俭文父子在此基础上进行“包底”，社会各界共同出力，让修缮善世堂的资金缺口问题得以解决。修缮工程正式启动。

对此，94岁的陈俭文老人说：“其实我对于自己是很节俭的，一粒饭掉在台上我都夹起来吃掉。但我现在94岁了，还有多少春秋呢？以前年轻一点，可以出钱出力，现在我老了，出钱可以，出力就不行了。”

在父亲的号召下，陈俭文的子女也“尽一份力”地把修缮工作当作家里的事情去做，“因为我们是善世堂的子孙，所以有责任”。

“善世堂当时的保存情况可以说是很不理想的，主要是屋面漏水比较严重，墙体倾斜，还有第二进的牌楼，在1971年那场台风中被吹倒了，毁坏相当严重。”程建军说。

祠堂建仪门多用以彰显祖宗地位的显赫，表达家族的宗旨。善世堂仪门造工精美、气势恢宏，只可惜早在20世纪70年代已经坍塌，村里只有一些年长的老人见过，却描述不出来，当年的仪门究竟是怎样的呢？由于年代久远，设计团队几乎找不到任何的影像资料。

时隔百年，善世堂是如何借助设计师的手重获新生的呢？

为了找到资料，族人走进了番禺档案局，又去了顺德档案局（1958年番禺与顺德曾合并为番顺县），最终找到了仪门被吹倒前的旧图。

修复后的仪门在原有“鸭屎石”的基础上，补以白沙岩砌筑，上层为木制莲花斗拱，用砖雕花窗点缀，典雅气派，横匾前刻“六传光范”，后刻“星聚一庭”，寓意石楼人才辈出，灿若星辰。

2015年7月1日，工程历时两年半，耗资过千万，经过政府部门、村民、施工设计单位多方的努力，善世堂的主体建筑正式竣工。重修后的善世堂仿佛褪去了陈旧的衣裳，焕然一新，紧锁的大门被重新打开。

2019年3月27日，陈氏宗祠（善世堂）重光庆典隆重举行，有着500年历史的善世堂重现昔日光彩

修缮“祖宗之庙” 更修好“善文化”

2018年农历三月初三，陈氏族人在善世堂举办一年一次的祭祖活动，来自东莞、南海、增城的陈氏宗亲子弟纷纷齐聚善世堂，焚香祭拜祖先。来自不同分支的陈氏族人，因为祠堂重新聚集在一起。

头门的石狮子一公一母，带着五只小狮子，这五只小狮子代表善世堂的五房人。狮子笑意盈盈，寓意子孙繁盛，上下和睦。

过去，祠堂是一个宗族的根，是族人的精神家园。乡民皆以有祖、有祠为荣。

古人云：“庶人修祠，乃立祖宗之庙。”在过去的传统观念里，宗祠于家族而言是根基和归宿，也是地方民俗文化的重要载体。很多海外华侨回乡认亲，首先认的就是祠堂。

番禺，是广府祠堂文化的重要发源地之一，沙湾何氏留耕堂、南村邬氏光大堂、员岗崔氏昌大堂等，都是番禺现存珍贵的古祠堂。据统计，番禺现在登记在册的祠堂有399座，这几年番禺区陆续对超过50座祠堂进行抢修。善世堂的成功抢修，为番禺文物保护写下浓墨重彩的一笔，更入围2018年全国优秀古迹遗址保护项目评选16强，是广东省唯一一个入围项目。

广府历史文化研究者朱光文说：“明代以前只有天子和品官才可以建家庙，平民百姓是不可以建祠堂祭祀祖先的。到嘉靖年间以后，珠江三角洲地区才开始大规模兴建祠堂，利用宗族将地方和朝廷联结起来，所以明清社会基本上以宗族作为社会的单元，宗族其实就是稳定国家和地方的一种很重要的制度。”

善世，语出《易·乾》：“善世而不伐，德博而化。”“修缮”同时也是“修善”，不仅仅修复有形的建筑，更重要的是修复无形的文化，善世堂所倡导的善文化，是它最有价值的部分，也是让善世堂重新活起来的关键所在。

2018年4月21日，善世堂举办第二届书法活动，石楼村里的父老乡亲与孩子们齐聚一堂，善世堂重新开放后，成为举办各种文化活动的重要场所，还吸引了来自四方八面的游客前来参观。

孩子们的到来，为善世堂带来生机勃勃的气息，他们在善世堂里跟随着老师的脚步去领略传统文化的魅力。

人之有祖，犹木之有本，水之有源。祠堂是先贤留给我们的丰厚历史文化遗产。重修后的善世堂向世人展示其独特的艺术和人文魅力，时代也赋予了善世堂更具魅力的文化内涵。

扫码观看
纪录片《修善之路》

第三节　孔圣南宗

2500多年以前，中国出现了孔子，他被尊称为“万世师表”“至圣先师”。2000多年以后，孔子学院在全世界遍地开花，福泽全球，而鲜有人知的是，番禺区石碁镇大龙村，竟然居住着孔家岭南派的长房后裔。

目前大龙村全村居住着1800多位孔氏后人。这里，有岭南地区保存最完整的孔氏家庙——孔尚书祠与阙里南宗祠。这两座祠堂被专家称为见证孔子后裔南迁的历史实证，讲述着孔子后人南迁800年的那段激荡历史。

阙里南宗祠

孔尚书祠和阙里南宗祠，两祠紧紧连在一起。门前广场上，竖立着10多对象征科举功名的旗杆夹，一口池塘如弯月般环抱着祠堂。这里，是全村人最敬仰和依恋的地方。

阙里南宗祠门口有一对珍贵的石狮，与大门门脚、基座三者连为一体，守护一方。祠堂门额木匾上刻着“阙里南宗”。但是现在，很多人都不知道阙里南宗是什么意思。

77岁的孔耀昌是孔子第72代后人。他解释道：“山东曲阜孔府和孔庙之间的那条巷，就叫‘阙里’，‘阙里南宗’就是由阙

阙里南宗祠

里来到南方的意思。”

春秋战国时代这500多年的时间，被历史学家叫作“轴心时代”，又叫作“黄金时代”。在这500多年当中，世界各地同时出现了不同精神文明的导师。比如中国的老子、孔子，古希腊的苏格拉底、柏拉图，印度的释迦牟尼，以色列的犹太先知。这是一个人类文明的启蒙时代，为后世建立了种种基本规则。而孔子，被列为“世界十大文化名人”之首，他的儒家思想对中国和世界都有着深远的影响。孔子弟子与再传弟子把孔子及其弟子的言行语录，整理编成儒家经典《论语》。

2000多年前，孔子家族的后代，除了历代长孙“衍圣公”留居山东曲阜孔府外，其余子孙都移居各地，繁衍生息，形成当今全国各地乃至世界各地的孔氏世袭支派。阙里南宗祠是孔子世家番禺小龙房的祠堂，纪念小龙房的始祖、孔子第47代孙孔粹及其他先祖。

孔耀昌说：“孔家按照旧制，长子留守宗祠。父辈最正宗的东西由长子继承，其他子女分家出去，孔府只留一个长子。我们这一支实际上在第15世就离开了山东，去了河北。”

阙里南宗祠是珠江三角洲典型的古祠堂建筑，坐北向南，广三路，深三进。门顶的木梁和旁边的石柱、墙体砖面等，都雕刻着精美的古时生活场景和花草动物，具有岭南特色。而且每一件看似不经意的砖雕，都有着特殊的寓意。

走进祠堂头门，是天井中堂。中堂上悬挂着“玉书堂”的横匾。穿过中堂，呈现在眼前的是后天井和后堂。后堂悬挂着“积厚流芳”的横匾，这里陈设着安放祖先牌位的神龛，以尊宗敬祖。

唐朝末期，战火连绵，中原百姓乃至官宦人家为躲避战火，纷纷南迁。其中，就有一位翩翩君子，名叫孔昌弼，他是孔子的第41代后裔。唐昭宗光化二年（899年），孔昌弼成为今天岭南绝大多数孔姓后代的入粤始祖。孔昌弼入粤之后，就有了现在20多万人的孔子世家岭南派。

孔耀昌介绍，孔子世家岭南派的先祖孔昌弼是第41代孙，他来到岭南，先是定居在南雄，他的孙子孔承休也就是第43代孙，给广州的富商教书。孔昌弼来到广州之后，当地的官员才知道他是孔子的后代，将原来唐代岭南节度使孔戣遗留下来的田产拨给他，从此孔昌弼才有了安定富裕的生活。在这样的背景下，孔家发展得很快，从珠三角到广西、海南甚至海外发展，到现在已不少于24代了，成为孔家的第一大派。

阴骘井

阴骘，表示祖先积德，庇荫后人，后代昌盛。南宋时期，孔家后人孔元勋、孔元凯两兄弟来到南海丹灶苏坑村。这一期间，发生了一件不可思议的故事，这个故事和一口井有关。孔元凯住在苏坑村时，村前有一口水井。一天，孔元凯在井边发现了一个内有100多两金银的包袱，被人遗落在水井旁边。原来失主是一群贩牛的商人。孔元凯把包袱原封不动地还给了客商。客商为了答谢，请来了著名相士赖布衣为孔家选风水宝地。

传说赖布衣是宋徽宗的国师，宋徽宗被金兵俘虏之后，他云游广东。牛商请赖布衣为孔家选片风水宝地，寄望好的风水宝地福荫子孙，赖布衣批了16个字："前起沙龙，离乡即去，遇沙则湾，遇龙则聚。"

按照赖布衣的提示，孔家后人于南宋绍兴年间来到了番禺沙湾司小龙村，即今大龙村。沙湾有一个"沙"字，小龙有一个"龙"字，山清水秀，充满灵气，于是孔家后人在这里定居下来，开枝散叶，修建宗祠，至今已经800多年。由于孔元勋、孔元凯兄弟最早由南海迁居番禺小龙，便以其父孔粹作为小龙房的始祖。

为了纪念孔氏父子所积阴德，大龙村阙里南宗祠内修建了一口"阴骘井"，至今依旧存在。

孔尚书祠

与阙里南书祠一门相隔的孔尚书祠是两进式的古建筑，它始建于明末清初，是全国唯一的孔戣专祠。孔戣又是什么人？他有什么样的过人之处，让孔家后人为他单独立祠，推崇备至呢？事情要回到唐元和十二年（817年），这一年，原广州刺史过世，岭南地区最高长官的位置空缺。

皇帝须派一个人来承接这个位置，当时的宰相推荐了3个人，皇帝都觉得不满意。最后皇帝记起有一个人在进谏时态度非常刚直，他叫宰相将该人找出来，原来这个人就是孔戣。由此，孔戣受命广州刺史、岭南节度使，成为岭南

孔尚书祠的黑狮表演

的最高首长。

当时的五岭之南，包括了广东、广西等地，区域辽阔，属蛮荒之地，通常是流放贬谪官员的地方。孔戣到广州后，励精图治，大力改革时弊，惠政及民。

孔戣到任的时候发现，以前那些被贬的官员生活得很苦，于是接济了他们，在政治上做了很多有益于民生的事。孔戣在任广州4年，年年都祭南海神，使得年年都风调雨顺。唐代著名的文学家韩愈还曾经专门记录孔戣的功绩。

孔戣在广东任期满后，回到长安后升任尚书左丞。岭南派番禺小龙房孔氏后人为了纪念这位在岭南有突出贡献的先祖，紧邻阙里南宗祠西边，建起了孔尚书祠，里面有巨幅的孔戣画像，供后人参拜追思。

祠堂的主要功能是祭祖，管理家业。但是，孔圣南宗有着一种穿越时空的文化力量，那就是孔家的祖传家风家训。这个祖传家训，在祠堂的墙上铁画银钩，令人敬畏。它在孔家人心中内化成一种为人的准则，明德至善，忠厚传家。

孔子文化中心

2002年，孔尚书祠与阙里南宗祠被列为广州市第六批市级文物保护单位。近年，在两座祠堂旁边，兴建了一座古朴典雅的仿古建筑——孔子文化中心，这是全广州市唯一一座村级孔子文化中心。

说起建设孔子文化中心的缘由，大龙村村委会主任孔志基介绍道：“这里其实就是广东省孔子后裔联谊会和广东省孔子儒学文化促进会会址所在地，选址在这里，主要是为了方便联络孔氏宗亲。每年1月，大家都会在这个场地开年会，联络各房宗亲，将孔子儒家文化推向社会。”

在孔氏家风的熏陶下，大龙村安居乐业，大家的感恩、知足和幸福感是发自内心的。老人在祠堂里纳凉，年轻人在文化中心里打球，不远处的小学，传来阵阵的书声。

“圣人出，黄河清。”有人说，因为孔子为人类文明作出了巨大贡献，所以他的后人得蒙祖先福荫，绵延不绝，福寿恒昌。在物质文明高速发展的今天，在宁静美丽的大龙村里，孔圣南宗用大隐隐于市的方式，告诉我们幸福人生的真谛——回到本有的心灵家园。

扫码观看
纪录片《孔圣世家》

第三章 遗俗

第一节 乞巧人生

数百人的队伍浩浩荡荡沿村巡游，“巧姐”们推着数十板新制乞巧公仔供路人欣赏，乞巧手工精细、妙趣横生，令人啧啧称奇。喜鹊翩翩起舞，牛郎与织女深情对望……这不是神诞出会巡游，这是一年一度的属于“女儿”的节日。

农历七月初七，七夕节，在南番顺（原清代广州府下辖的南海县、番禺县、顺德县）等珠三角一带俗称“七姐诞”。传说此日喜鹊在天上银河架起鹊桥，使牛郎织女分隔一年后又得以相聚。美丽的传说产生浪漫的节日，便有了“拜七姐”的传统，女儿们祈求得到巧手与幸福的爱情，所以这一天又是中国的“女儿节”。

番禺区石碁镇凌边村和化龙镇潭山村是番禺为数不多的至今仍然保留着原汁原味的乞巧民俗的村落。每年七夕期间，村里人头攒动，各个祠堂挤满了来观赏乞巧的民众，“巧姐”们通过精致的工艺展示自己的巧思妙想，更在自己的勤劳和众人的赞叹中获得成就感，走过自己的乞巧人生。

番禺乞巧的几度兴衰

七夕乞巧是中国流传已久的民俗文化活动。据文献记载，七夕节起源于汉代，南北朝时期学者宗懔编撰的《荆楚岁时记》有

潭山乞巧活动吸引着众多游客驻足观看

载："七夕妇女结彩楼，穿七针，或以金银石为针，陈瓜果于庭中以乞巧。"又有《幼学故事琼林》中云："七夕牛女渡河，家家穿乞巧之针。"

关于番禺的七夕文化最早的文字记载可见于宋代，其时宋代诗人刘克庄即有"粤人重巧夕，灯火到天明"的诗句。明清时期，岭南地区七夕拜会乞巧习俗依然繁盛。明末清初著名诗人屈大均在《广东新语》中记载："七月初七夕为七娘会，乞巧，沐浴天孙圣水，以素馨、茉莉结高尾艇，翠羽为篷，游泛沉香之浦，以象星槎。"

屈大均还写道："天上惟今夜，欢娱世所知。终年隔河汉，未夕罢机丝。雨湿愁乌鹊，云晴见翠旗。穿针有儿女，怅望过桥时。"可见，汉代以后乞巧风俗千年流传、经久不衰。

清末民初，番禺人过乞巧节十分隆重。七夕前两三个月，未嫁姑娘便开始用通草、色纸、芝麻等，制成各种花果、仕女、器物、宫室等形象的工艺品；七夕前一周，用小盆浸谷粒、绿豆，使之发芽至约2寸高，称为"拜仙禾""拜仙菜"。七月初六晚，姑娘们便穿上节日盛装，布置厅堂，把各种工艺品及生果茶点等拜仙物品摆于方桌上，富家的拜仙桌上还围上锦绣罗纬。这一活动被称为"摆七夕"或"摆七娘"。凌晨子时，姑娘们点起"拜仙禾""拜仙菜"中间的油灯以及香烛，向空跪拜以"迎仙"；至五更时分，共拜七次，意为迎接天上七位仙女。初七日间，当时番禺的姑娘还爱到珠江泛舟，舟用素馨花、茉莉花装饰，寓意为仙女沐浴助兴；晚上，则由男童主拜，称为"拜牛郎"。女孩们在这个充满浪漫气息的晚上，朝天祭拜，乞求天上的女神能赋予她们聪慧的心灵和灵巧的双手，让自己的针织女红技法娴熟，更乞求爱情婚姻的姻缘巧配。因而无数的未婚男女都会在此晚夜深人静之时，对着星空祈祷，乞求上天赐予自己一段美满姻缘。

清代学者汪瑔（1828—1891）就曾以十首《羊城七夕竹枝词》，详尽描述清中后期广州地区的这种七夕盛况。汪瑔所述的乞巧之盛，尤以道光年间的广州城区为最，有些豪门巨族竟不吝花费百万钱为家中女儿"摆七夕"，这虽是夸张之词，但其鼎盛之象可见一斑。

可惜这种盛景在1950年至"文革"时期，逐渐式微乃至消失。直至改革开放后，番禺各地的乞巧活动又重新兴起，其中以石碁镇、石楼镇和化龙镇一带继承较好。

化龙镇的乞巧工艺有悠久历史，早在中华人民共和国成立前已经举办过多次乞巧工艺展。该镇保留乞巧工艺传统最好的是潭山村，每年农历七月初七，该村会组成以未婚少女为主的制作队伍，在一班老艺人的带领下，制作小巧玲珑的手工艺品，并在当天夜里摆设香案，把工艺制品陈列案上，供人们欣赏评议，以显示女红针黹缝纫的精细技巧。在2007年举行的首届广东省民间乞巧赛艺会上，化龙镇潭山村选送参赛的作品包括《七姐下凡》《花枪奇缘》和《二万五千里长征——红军强渡大渡河》等，其中《七姐下凡》勇夺赛艺会金奖。

石碁镇凌边村的“摆七夕”习俗，在番禺地区颇负盛名，旧时多是各家各户自办，姐妹们互访品评观摩，看谁做的七夕公仔手艺高。“文革”期间，“摆七夕”短暂中断。“文革”之后，家庭转为小集体，“人多好做活”，做手艺更容易发挥集体智慧，“摆七夕”的地点也从家庭转变到祠堂。

到了1992年，凌边村的乞巧活动再次突破空间的维度，从原来的在祠堂静态展示观赏，转为动态巡游，由各生产队精选一板新做的七夕公仔装上色柜，用人抬着游行，更有真人扮成牛郎织女、七仙女等形象的表演。巡游队伍达500

凌边村的乞巧手艺人向群众展示栩栩如生的乞巧人偶

多人，浩浩荡荡地沿全村大街主路巡游一周，历时两个钟头，行经4公里。除此之外，村里还要连演三夜大戏，盛况空前。

巧手艺人的乞巧人生

先裁，再捆边，然后粘花，最后做花，公仔身上用铁线固定成形状，然后上板……一针一线、一珠一扣，皆出自“巧姐”之手，剪、缝、绣、粘，谈笑间，十几道工序之后，一枚戏曲人偶已悄然成型，生动有趣。

潘少芬是化龙镇潭山村的一位乞巧手艺人，做乞巧已经30多年了。每年距离七夕节不到两个月时，她便带领村里几个“巧姐”日夜赶制乞巧公仔。手工台边，年复一年，潘少芬和“巧姐”们将所有的热爱都倾注在这四方桌上，对这门手艺，她们有着超乎寻常的执着与狂热。

“1986年，潭山恢复乞巧活动，那时许冠其就开始从事乞巧，后来我也跟着他开始做乞巧，至今已有30多年了。”潘少芬回忆道。

潘少芬提到的这位“许冠其”，是番禺赫赫有名的“巧男”、番禺区乞巧“非遗”传承人，年过八旬的他，从事乞巧已有44年。“以前人们把乞巧叫作‘摆七夕’，后来改叫‘乞巧’，这一行很少有男人做，一般是不出嫁的自梳女在做。”潘少芬对自己最初接触乞巧时的经历印象很深，“我那时去凌边村看了一次就着迷了，那时才知道原来乞巧节可以做得这么隆重，回家后我就开始做了。”

时至今日，乞巧早已不分男女老少。44年前，许冠其突破世俗的藩篱，一头扎进乞巧的世界里，一做便是半辈子。如今，他是为数不多的潭山乞巧文化传承人。

不仅是乞巧，许冠其对飘色、唱戏等技艺也是样样精通，将半生的心血都倾注在民间艺术上，尽管身体已经不比从前，但他仍对这份事业心心念念。

番禺的乞巧多取材于古典戏曲故事、神话传说，传统摆案有“杨门女将”“牛郎织女渡鹊桥”“六国大封相”等，近年还加入了许多新鲜的题材，如“一带一路”“红军长征”。造型各异的乞巧公仔仿照舞台陈列，配合声光电技术，显得生动有趣。

与其他民间艺术不同的是，乞巧对材料、工艺并不考究，原料多为废弃边角料，一块碎布、一件珠片皆可变废为宝。将旧报纸拧成团状，用纸巾打湿铺在之上，再涂以颜料，便制成了假山。“巧姐”们不求精确，全凭兴之所至，在方寸之间发挥奇思妙想。

“巧姐”们善于把生活中的经历融入乞巧制作中，雕刻成一板板生动活泼的乞巧公仔，比如“白沙湖抗咸”，就是取材于农村劳动妇女为家庭生计奔走的经历。“制作这个题材的作品时，我常会想起自己生完儿子20天后就下田割禾，并带着两个孩子晒谷、运谷等辛苦往事。”潘少芬说。

许冠其的技艺在乞巧界则更是赫赫有名，他亲手制作的乞巧公仔，技艺赛过女匠，这让他成为番禺乞巧区级“非遗”代表性传承人，推动了潭山这座乞巧名村的技艺复兴。他的乞巧作品形成了“新（主题新颖）、奇（造型奇特）、精（制作精巧）、明（色彩明快）”的特色，让潭山的乞巧文化扬名南粤，走向全国。

乞巧公仔的制作工序包括人物造型、服装裁剪、工艺刺绣、面相绘画、镶、扎作等。一个公仔中最难制作的部位是头部，不仅需要很好地刻画人物的神态，同时还要配合好人物的身形和剧情进展。所以，凡是轮到公仔头部制作的时候，都需要许冠其亲自出马。精益求精的许冠其制作一个公仔至少需要4至5个工作日。

乞巧传承　任重道远

七夕节脱胎于农耕文明，为什么乞巧民俗在番禺能得到很好的传承呢？其实这与自梳女的风俗有很大关系。

清代以来，番禺地区女子流行“梳起”不嫁，她们在村子里小范围乞巧拜仙，是乞巧民俗中特别的存在，对民俗传承有着重要的作用。因此，以前多是村中自梳女自发在家“摆七夕”，每年农历七月初六晚上开始，“巧姐”们便按照传统惯例，焚香烧衣准备迎仙。为了这一天，她们精心准备了一年，她们向“七姐”虔诚地祈愿。

“封建社会传统的农耕文化占据主导，重男轻女的思想比较严重，女子的地位是很低的，比如当时太公分猪肉不会分给女子，女子的名字也不能编入族谱。”对乞巧民俗文化有着深入研究的广州市文史馆馆员、著名民俗学者曾应枫老师介绍道，“当时以男子为主的传统节日很多，但是在‘七姐诞’‘摆七姐’那天，女子可以做一回主人，不用受家庭束缚，尽情地释放自己，享受属于她们的快乐与热闹。”

如果说旧时女子乞巧，是为了乞求巧艺和美好姻缘，是为了享受难得的一日自主与欢乐，那么到了今天，“巧男”“巧姐”们则更多是出于内心对传统的热爱，乞巧成为他们与外界沟通的一种方式，他们将自己的故事、经历、想法倾注在里面，那是他们的乞巧人生。

与旧时文献中记载的乞巧一般由待字闺中的未婚女子参加不同，如今，大部分“巧男”“巧姐”们都是年迈老人，鲜有年轻人的身影。摄影爱好者梁刚从10年前开始跟拍番禺民俗活动，他的镜头记录下了许多有关乞巧民俗的珍贵瞬间。梁刚说：“由于以前自己往往是贴身拍摄，所以经常能捕捉到很多真实的画面，比如‘巧男’‘巧姐’们相互争执如何摆公仔。但如今想再拍，却可能已经没有机会了，因为有些年老的乞巧艺人已经卧病不起了。”“番禺那么多乡俗文化，要有效地继承下来，都是需要付出些努力的，现在越来越少年轻人愿意做这些了。”说起乞巧等技艺的未来，梁刚略有隐忧。

展现乡村盎然春色的乞巧作品——《春到田间》

为了让更多孩子接触乞巧技艺，每隔一段时间，潘少芬便会前往学校教授孩子们做乞巧手工。这是一双布满老茧的巧手，凭借一针一线在案台上变幻出缤纷世界，她将针线交到孩子们稚嫩的双手上，大手传小手，交到他们手上的除了是一份巧艺，更是一份对传统文化的记忆、对传统精神的敬重。

2008年底，许冠其也开始收徒授艺，第一批学徒就有10多人。从那时候开始，他所在的化龙全镇各中小学每年都会开展不少于1节的“民间美术基础”“乞巧工艺”“飘色创作与表演”等第二课堂活动。

每年七夕，外人欣赏的是“巧姐”们的手工，而对他们自己而言，这些手工更是一年一度敬献给七姐的礼物。没有亲身参与其中的人们，无法想象这些上了年纪的老人，为何热衷于用一些今天看来颇为粗糙的材料，用自己的双手来制作一些简单、质朴的模型。如果说旧时未婚女子向七姐祈求巧艺与美好姻缘，那么今天的老人们则更多的是在传统“拜七姐”的信仰基础上，出于自己的喜爱，自娱自乐，在自己的辛劳和别人的赞叹中获得成就感。

一方水土养育一方人，不同的文化也孕育出不一样的民俗技艺。相比起广州天河珠村的“摆七夕”，无论是凌边村还是潭上村，其内容和表现形式都显得更为原始质朴，但正是这种质朴也更体现出一种天然拙趣！不同的民俗现象，其传承有其自身的内在逻辑。当下的民俗传承，更需要遵循其传承规律，尊重传承人的意愿，设计不同的传承策略。任重道远！

扫码观看
纪录片《乞巧人生》

第二节 自梳往事

“一梳，梳到尾；二梳，就吉祥满地；三梳，就一本万利……”

古时女子出嫁前夕，雇专人代梳发髻，并唱着歌谣，寓意女子婚姻美满。中国儒家礼教，常用“终身幸福”或者“归宿”一词来指代女子的婚姻。传统观念中，婚姻是女子幸福的源泉，亦是幸福的终点站。未嫁从父、出嫁从夫、夫死从子等礼教约束，在女子头顶的天空织就密不透风的穹顶。女子幸福与否均交由社会纲常评定，女性的天性、本能、感观被漠视与压制。

但就在封建礼教压迫最烈的明清时期，珠江三角洲一带，有一群女子突破穹顶，拒绝走入封建婚姻，向世人和广大女性演绎了自由的幸福。她们就是自梳女，民间又尊称她们为“姑婆”“姑太”。

自梳女把头发像已婚妇女一样盘起，以示终身不嫁、独身终老。诗家有云：“自家梳起古今无，眉黛风流与众殊。羞说梧桐待栖凤，阿侬原不似罗敷。”诗中所描写的，便是珠三角一带的自梳女。

据乾隆三十九年（1774年）《番禺县志》所记：“国朝百年来，番禺一邑其所称贞女者，志不绝书，而其甚者相约不嫁，联袂而死。”至少在清初，在番禺地区，一如珠三角其他地方，女性有着“自梳”习俗。

女性意识的觉醒

文化学者、番禺民俗顾问梁谋介绍，据有关史料记载，自梳女最早源于顺德。顺德有一户姓吴的人家，生了5个女儿。大女儿嫁给有钱人，未曾想不是做正室，而是做妾，每日饱受正室欺凌，有时还会被丈夫施暴，甚至被公公暗中调戏，最后投井自尽。第二个女儿嫁给“守墓清”，就是给已经去世的男子做老婆，与公鸡拜堂，守活寡。第三个女儿嫁给一个采石工，采石工作很危险，一次她从山上摔下来，终身致残，生活艰难。第四个女儿嫁给雇农，长期帮地主打工，家境非常贫困，丈夫也很早去世。前四个姐姐的婚姻如此不幸，让第五个女儿下定决心不嫁。父母见女儿下了这么大决心，就给她买了一亩桑基鱼塘，在村口建了一间小屋，让小女儿在小屋养蚕，自食其力，生活虽然很艰辛，但从此她可以摆脱“在家从父，出嫁从夫，父死从子”这些封建礼教的枷锁。这种做法，引来很多年轻女子纷纷效仿，还有女子搬来和她一起生活。据说这就是珠三角南番顺自梳女的起源。

女子的发型也有了变化，以前没嫁人的姑娘叫作“褛檐妹”，“褛檐”指“刘海”，女孩没嫁人前有“檐”，嫁了就把这个“檐”梳上去。自梳女就是自己把这个“檐”梳上去扎一个髻，叫作“梳起”，告诉大家自己不嫁人了。

广绣发源于番禺，顺德一带盛产蚕桑，南番顺还是茶叶和陶瓷的重大集散地。当资本主义生产开始萌芽，珠江三角洲得天独厚，凭借丝绸、茶叶、陶瓷一举成为海上丝绸之路的龙头重镇。纺织业的崛起需要大量女工，许多女子受到吸引投入蓬勃发展的民间经济，更有大胆者，将目光投向海外。

发达的沿海经济、开放与包容的民风，为女性觉醒与先进的女性文化创造了土壤。大批年轻女子走出深闺，看到外面世界如此之大，对命运选择权的渴望被瞬间点燃。她们自食其力，打破婚姻桎梏，行事自主，但凡有独立能力的女子纷纷选择“梳起”，由此“自梳”之风日益盛行，直到辛亥革命初期，历久不衰。

海心岗的见证

自梳女决定“梳起”，会举行一个仪式。番禺小谷围街道的南亭村渡口外的海心岗，在过去两百多年的岁月里，就见证了这段历史。

“梳起”当日，自梳女即租一天的小艇，划向海心岗。海心岗上有一块石，叫梳起石。自梳女会带着一个简单的梳妆柜筒上岛，里面有头篦、茶油、头簪。“梳起”的时候要喊几句唱词：“一梳，梳到尾；二梳，就吉祥满地；三梳，就一本万利……”

这就是告诉大家：“我不嫁人了。”唱完歌，岛上仪式就算完成，她们回到村里，就好像结婚一样，请亲人吃饭。

虽然自梳女就此获得了自由，但并不意味着她们可以摆脱生活的重担；相反，因为要承担起家庭责任，她们更为辛苦。南亭村目前尚有13名自梳女健在，是中国最后一批自梳女，她们均已80岁以上高龄，有的已近百岁，从她们的叙述中我们依然能感受到这份艰辛。

碧婆婆是一位居住在凌边村的自梳女，她有两个大姐、两个妹妹，姐妹5人就只有她没结婚。“我不结婚，自己的生活会更自由，我就是不想让别人来管我。”面对人们常会提出的问题，碧婆婆的回答始终十分干脆。“小时候我和家人一起生活，弟弟在结婚后搬了出去，后来父亲去世，我就自己一个人住。如今弟弟的老婆也走了，我也还是自己一个人住……我9岁就开始帮家里做事，一个人住后就从来没出过门，一辈子种田，所以有人说我干了两辈子的活。”碧婆婆说。

开婆婆，今年71岁，从十几岁开始放牛、种田，做了一辈子农民，每年差不多农历三月就要种早稻，等到农历七月再下种晚稻。

欢婆婆是一名手工业者，从事敲榄壳、织榄物、整榄丝的手艺，虽然没有碧婆婆和开婆婆那么辛苦，但50多岁时也还去市桥打工，做保姆，帮别人烧饭做菜。

梁谋的母亲就来自南亭，在他们家族，就有3位自梳女。“我有一个姑婆，大家叫她大姑太，她是个技术工人，经常去广州下九路那边的发外加工厂做派花女（即技术工人）。农忙时，她们也会帮家里的父母兄弟干农活，有花生收

新造镇义工热心帮扶孤寡自梳女

成时扒花生，有萝卜收成就要加工农产品，刨萝卜皮、刨萝卜丝，做成一种名叫‘菜口’的出口商品。这些东西在东南亚很有名，也是我们南亭的特色。自梳女们刨萝卜很熟练，用一个很大的箩来装，一箩（萝卜丝）5分钱。”梁谋介绍道。

“番禺自梳女几乎一辈子都在奉献，她们自古至今都是以奉献为自己的依归，做的一切都是为了别人，用自己的生命、用自己的能力来养育着我们无数的后代，使他们在事业上得到新的发展。”梁谋感慨道，“那她们求的是什么呢？——自由。”

自梳女义结金兰

自梳女们勤谨克俭，很多人肩负起照顾全家的责任。同村、同族的自梳女们相互扶持、义结金兰，倾力照顾家人、宗亲，甚至有的凭一己之力挽救整个宗族，日益赢得民间的尊敬与尊崇。

以番禺板桥为例，相传明朝嘉靖年间，当地黎姓人家被诛九族，同村一位自梳女冒着生命危险救下一名男孩，历经艰辛将他抚养成人。被救下的男孩发愤图强，成家立业，开枝散叶，将黎氏家族发展到几千人。姑婆一人挽救整个家族的义举成为当地坚贞、爱家的典范，这位姑婆也被世人尊称为姑太太。

后来，越来越多女子以“梳起”为荣，自梳女风潮在民国时期达到巅峰。据早年番禺学者邬庆时的调查研究，1905年，南村仅有1人外嫁，全村有数千名自梳女。据不完全统计，民国时期截至1933年，番禺有7110多名自梳女。可见其风气之盛，时日之持久。

经济环境不好时，很多自梳女在农村找不到工作，她们就下南洋，其中以去新加坡、马来西亚最多。她们三五成群结伴同行，义结金兰，结为姊妹，按年龄来排序。

同村的自梳女义结金兰，以姐妹相称，无论身处故里还是远赴重洋，她们忠于彼此，相互扶持，相互帮助。当家里有困难时，诸多金兰姐妹出手相助，共渡难关，渐渐在自梳女群体中发展出一种特殊的救助组织形式——埋月会。埋月会是自梳女自己建立起来的一种民间经济互助组织。大家限定每个月要交一笔钱给埋月会，等到急需用大额资金时，可以去埋月会处支取。

当最后一代自梳女逐步走向耄耋之年，女性也迎来了更加开通、平等的时代。

当代独立女性，拥有更多的人生选择权，并重新定义女性的幸福——接受真实自我，充分行使自由选择的权利，拥抱最适合自己的生活。走入婚姻抑或保持单身，不再是定义幸福的唯一标准。

她们或是驰骋职场，叱咤风云；或是相夫教子，悉心经营温馨之家；或是倾心尽力地平衡家庭与事业。她们身上都散发着自立、自主、自强、自由的光芒，推动着社会向着更平等、更自由、更美好的方向前进。作为女性运动的先锋群体，自梳女们从未被遗忘。新时代女性发自内心地钦佩自梳女前辈们的勇气、坚韧与奉献精神，她们也正在用实际行动将这些精神一一传承。

自梳女，一生不计较任何得失，付出她们的一切，为她们的宗族、为她们的子侄，将自己的毕生力量奉献。她们的精神，虽然只存于历史长河的一刹那，但她们是闪亮的，是光辉的，为后人留下永久的纪念。

很多人会以为自梳女晚年一定很凄凉，但其实大部分自梳女并非孤独终老。作为女性，自梳女们做出这样的一个决定实属不易，为了家庭付出了很大的牺牲，她们年老后，弟妹侄孙往往对其十分照顾。不少自梳女在家庭中享有祖父的地位，家里遇到什么大事，都要由她们来主宰。

大多数自梳女对自己当下的生活比较乐观，她们认为，当年经历如此极端的艰难困苦，自己都能挺过来，现在的生活条件比以往好了很多，各方面的困难也就不值一提了。但是，随着年龄增长，和众多特殊长者一样，自梳女在身体、心理和居住环境等方面同样存在一定的需求，需要社会的关注和关怀。针对此情况，番禺区小谷围街家庭综合服务中心发起“情暖暮年·传承友爱”自梳女等特殊长者服务项目。据服务中心主任陈锦芳介绍，该项目主要是组建了四支义工队，为特殊长者提供包括居家清洁、定期探访、关心问候、需求跟进等一系列服务。项目组还发起自梳女故事口述活动，希望能通过记录口述历史，让年轻一代了解自梳女文化，弘扬独立自主、艰苦奋斗、不向命运低头的优良品质。

广州大学历史系大三学生刘金婷和冯馨婵是该项目的志愿者，在社工的带领下，她们走近南亭村自梳女长者，鼓励姑婆口述过去的生活故事，并出版了《自强自立——番禺南亭村关氏自梳女回忆录》一书。

小谷围街举办“情暖暮年·传承友爱”自梳女等特殊长者服务项目

南亭村的海心岗，如今郁郁葱葱，上岛的石径布满青苔，昔日的梳起石早已被丛林掩盖，岸边的轻舟还在轻轻哼着当年的梳起歌……舒缓的江面上，仍旧倒映着年轻女子们梳起归来的轻盈身影，还有她们自强不息，为家人、为家族无私奉献的一生。

扫码观看
纪录片《自梳往事》

第三节 色飘禺山

一个色柜便是一个舞台，在方寸之间，任凭想象力自由驰骋，孩童们扮色装巧，于人与神，于飘与屏，演绎悲欢离合，乡亲们在热闹间互诉衷情，那些充满想象力的神话故事，最终化为他们这片土地上的集体记忆……

飘色，一种腾空飘起的人物造型艺术，一朵被称为“凝固的戏剧、活动的雕塑”的广东省传统民间艺术奇葩。明末清初，因北帝诞迎神赛会，飘色在珠三角民间兴起，番禺的沙湾飘色以其独有的文化底蕴和艺术魅力被民众深深喜爱，在清中叶至民国初年逐步达到全盛。在改革开放后，沙湾飘色历经三次创新，更是走出番禺，影响了全国。迄今为止，这一集合了材料、力学、音乐、造型、装饰等工艺的艺术已成了每年农历三月初三家喻户晓的民俗活动。

沙湾飘色巡游

2019年4月7日，番禺区沙湾镇，一场大型的飘色巡游即将开始。按照习俗，北帝诞这一天，沙湾镇都会举行飘色巡游。沙湾飘色在岭南地区享负盛名，民众为了一睹其貌，早就挤满了大街小巷。

黎伟明是沙湾飘色协会的副会长，同时，也是这一次飘色巡游的主要负责人之一。广东正值春夏交接时节，闷热潮湿，黎伟明察觉到什么，随即修改了妆色时间。

“太早的话，阳光猛烈，‘色仔’（参加飘色表演的小朋友）很辛苦。一辛苦小朋友就会‘扭计’（闹别扭），甚至临阵退缩。”黎伟明说，一般来说，老师傅会掐准时间妆色，否则闷热的天气对“色仔”的体力和耐力都是很大的挑战。

赶在开幕前，黎伟明终于把妆色工作安排妥当，松了口气。主祭父老诵读祭文，一声炮响，飘色队伍浩浩荡荡开始巡游。

仔细观看这沙湾飘色，可以发现它在结构上由三个部分组成：一是色柜，即活动小舞台；二是色梗，即支撑用的钢枝；三

化妆师正在为参加飘色的小演员化上缤纷多彩的妆容

是扮演“色”的演员，坐在下面的叫“屏”，一般是由10—12岁的小孩扮演，上面凌空的叫“飘”，一般是由3岁上下的小孩扮演。

沙湾飘色具有色彩艳丽、造型大方、装置奇妙、讲究力学、内容含蓄的特点。在飘色游行时，每两板飘色之间配有一台八音锣鼓柜，形成声、色、艺组合表演的流动立体舞台。人们看过飘色表演之后，尽情联想，其乐无穷。

关于沙湾飘色起源于何时以及如何产生，在沙湾当地一直流传两种说法。

一种说法是，清代粤剧艺人李文茂率众响应太平天国起义，最后失败，清廷大为震怒，明令严禁粤剧。当地群众想看戏，却又看不成，于是想出新的法子，以小孩扮成戏曲中的人物，抬着在各村游行，似演戏但又不唱戏，也就产生了如今人们熟知的飘色。

另一种说法是，在明代，沙湾人李路远（南宋探花李昂英的后裔）在云南做边关大将，当时云南有两族人为争夺永乐皇帝朱棣始造的北帝塑像，几乎要发生械斗，结果由李路远出面调解而重归于好，于是两族人感谢他清廉正直，办事有方，为两族人免去了一场恶斗，就把北帝塑像送给李将军。李路远将其带回沙湾，此后每年三月初三北帝诞辰之日，都要抬着北帝塑像出游，同时伴有传统民间艺术助庆，久而久之就产生了现代的飘色。

“飘色主要是供奉北帝，沙湾出色，雨水滴滴……”文化学者、番禺民俗顾问梁谋介绍道，由于飘色都是在北帝诞之日举行，珠三角民众笃信北帝，飘色其实也是酬谢神恩的一种形式。

在番禺，飘色活动主要在沙湾以及员岗两地盛行。据一些老人说，沙湾飘色是学自员岗，然后逐渐形成了自己的特色。而员岗的飘色艺人崔湛则说，员岗的崔氏家族是从江西迁到番禺，因经常回江西祭拜祖先，飘色也就从江西传入番禺。而沙湾的何氏族谱上曾记载过在康熙年间就有飘色助庆活动，所以研究者多认为沙湾飘色起源于明末清初，而沙湾飘色又来源于员岗飘色。“一开始是有员岗的女子嫁到沙湾，逐渐把飘色技艺带到了沙湾，后来沙湾飘色便在此基础上自己发展了起来。”梁谋介绍道。

飘色的秘密

每年三月初三，北帝诞巡游，几十板飘色妙趣横生，有的脚踩“白鸽”凭空飘起，有的手拿剑旗空中对峙，如变戏法一样……这飘色艺术当中最令人啧啧称奇的当然就是“飘”了。“飘”的扮演者年龄较小，一般是3岁以下的孩童。由于巡游表演多历时两三个小时，这些表演的小孩有时还会睡着，甚至会大小便（备有纸尿裤），但也安然无恙，这样的情形也常把围观的群众逗乐了。

传统的飘色是一“屏”一“飘”，如今的大型飘色，多至一“屏”3—5个“飘”。这样的承重是如何做到的？这就不得不提“屏”与“飘”之间暗藏的

飘色巡演中，人物仿佛腾空而起、云端飘舞，引人赞叹

浪漫的沙湾古镇飘色巡游

色梗，这就是飘色的灵魂和秘密所在。

“色梗其实就是骨架，没有这个骨架小孩无法被支撑起来。”砖雕大师何世良同时也是一名飘色设计师。作为一名土生土长的沙湾人，在多年耳濡目染下，他对飘色有了很深的了解，“色柜上的人物叫‘屏’，凌空而起的人物叫‘飘’。在‘屏’与‘飘’之间隐藏着一条钢铁材质的色梗，色梗作为力学支撑点，承载着‘色仔’的全部重量。色梗巧妙地藏在人物造型的服装里面，很难被发现，从而形成一种视觉错觉，让人感觉人物飘起来了。”

色梗有明铁、暗铁、台铁和手铁之分，明暗之中，又以暗铁居多。飘色是抬着游行的一个舞台，细小的色梗不仅要支撑一个小孩的重量，而且重心不能偏斜，在游行的时候才不会扭动或变形，非常讲究力学原理。以前没有电焊和风焊，锻造色梗很不容易，所以有“一锤定锻”之说，一锤锻下，非成即废。从整体上说，沙湾飘色的结构特点就是以“屏”带“飘”，“屏”“飘”相连，设计精巧，讲求力学。

“飘色要好看，一在于‘飘’，二在于‘色’，要把人物飘起来，又要有美感。”何世良说，除了色梗巧妙的结构设计，飘色色彩的鲜艳和美感也非常重要。如何巧妙地伪装色梗，使其与故事完美地融合在一起，又显得栩栩如生，这也是飘色的精髓，最考验妆色师傅的功底。

在番禺员岗有位老飘色师傅，名叫崔仲兴，他也是员岗飘色“非遗”传承人，他隐藏色梗的工艺在当地赫赫有名。

制作色梗时，崔师傅需要提前规划好，因为每个弧度都要结合扮色的造型来做设计，在现代冶铁工艺的辅助下，制作色梗不再困难，但在过去，色梗可是非常珍贵的，如今番禺的沙湾和员岗还收藏有部分上百年历史的色梗，这些流传百年的色梗，纹理光滑，两条铁的接口甚至容不下一根头发丝。

崔师傅制作的飘色造型，一大特点是栩栩如生，几乎可以以假乱真。比如他曾经制作的一板“白鹤担箫”，为了追求真实感，鸟兽标本都由他自己亲自制作，为此他还特意去请教广东省昆虫研究所的专业人士，学习如何制作标本。松树、箫、白鹤、茶壶、盆景，只有想不到，没有做不到，这些真实的材料经过艺术加工后，也变得趣味横生，让人大呼精妙。

也许正是因为这种精妙，飘色手艺以前是不外传的，无论是沙湾还是员岗，在很长时期，飘色艺术都是讲究师徒传承，不对外公开，很多慕名而来的人都被拒之门外。

潭山飘色师傅许冠其说，年轻时，自己足足去了九次沙湾才“偷师”成功，尽管过了三十年，他对这段经历依然记忆犹新。

许冠其去沙湾“偷师”后，回家后继续摸索研究，终于成功制作出多版飘色。2006年，他带头制作的大型飘色《峥嵘》，获得第八届中国民间文艺山花奖。

飘色的传承与创新

沙湾飘色制作工艺代代相传，本地传承的艺人除认真继承其独特的形式和内容外，还进行了多次改革和创新。

在一次沙湾飘色大巡游中，何世良设计的一板名为《天外之音》的飘色，一出场便惊艳全场。只见琵琶、扬琴、古筝这几种民乐悬在半空中，孩子们在高空中悠然弹唱，妙趣横生，飘飘然，不亦乐乎！

说起这板飘色的制作缘起，何世良介绍道，沙湾是飘色之乡，也是音乐之乡，这一板《天外之音》就是想把这两个元素凸显出来。《天外之音》从2015年开始设计，历时两年半才制作完成，根据何世良的设计图，飘色主体分左右两边，其中右边放置演奏不同乐器的四个小孩，制作难度很大。

“我们希望制作出多‘屏’多‘飘’，这既保留了传统沙湾飘色特点，又比传统的飘色更有场面感，更细致。”何世良说。

“多‘屏’多‘飘’就意味着结构要更复杂，这是最大的难点。”黎伟明于2008年加入沙湾飘色协会，参加过多个大型飘色的制作工作，飘色制作的经验十分丰富，但他看到《天外之音》的设计图时，却感到异常困难，要将设计图变为现实，这对于负责制作的他是一次很大挑战。以前沙湾的飘色就是一“屏”一“飘”，或一“屏”两“飘”，但现在是一“屏”六“飘”，最难的就是解决支撑的问题，为此老师傅们做了一次又一次的尝试和改革。

其实如今的飘色与一两百年前的相比，也已经不能同日而语。旧时由于冶炼技术水平较低，色梗纤细而负重力低，“飘”上小孩年龄受到限制，数量也会受限制；如今通过冶金技术的处理，色梗具有较大负重力，“飘”的造型也就更为丰富，给设计者更多空间和想象力。因此，如今的大型飘色，需要出动大量人力物力。不过也有人会认为一“屏”多“飘”失去了飘色轻巧的特点，传统的一“屏”一“飘”也有其独特韵味。

一板“色”就是一个舞台。传统的沙湾飘色板色曾多达几百种，但其中一些不适应时代发展的内容已经渐渐被淘汰，一些传播正能量的神话故事、民间传说历久弥新，则被传承下来。如今又增添了《赛龙夺锦》《雨打芭蕉》《独占鳌头》等新色板。现实生活中的英雄故事以及社会主义建设取得的伟大成就，经过艺术构思，见诸飘色，使飘色更具有时代精神和现实意义。

仙女散花的浪漫、哪吒闹海的惊险、神雕侠侣的凄美、女排夺冠的辉煌、“神五”升空的骄傲……这些都被浓缩在这小小的色柜里。人们就在小小的空间里尽情发挥自己的想象力，释放浪漫情怀，演绎他们心中一个又一个动人的故事。

扫码观看
纪录片《色的艺术（上）》

扫码观看
纪录片《色的艺术（下）》

中国民
沙湾

第二篇

番禺技艺

第一章 匠心

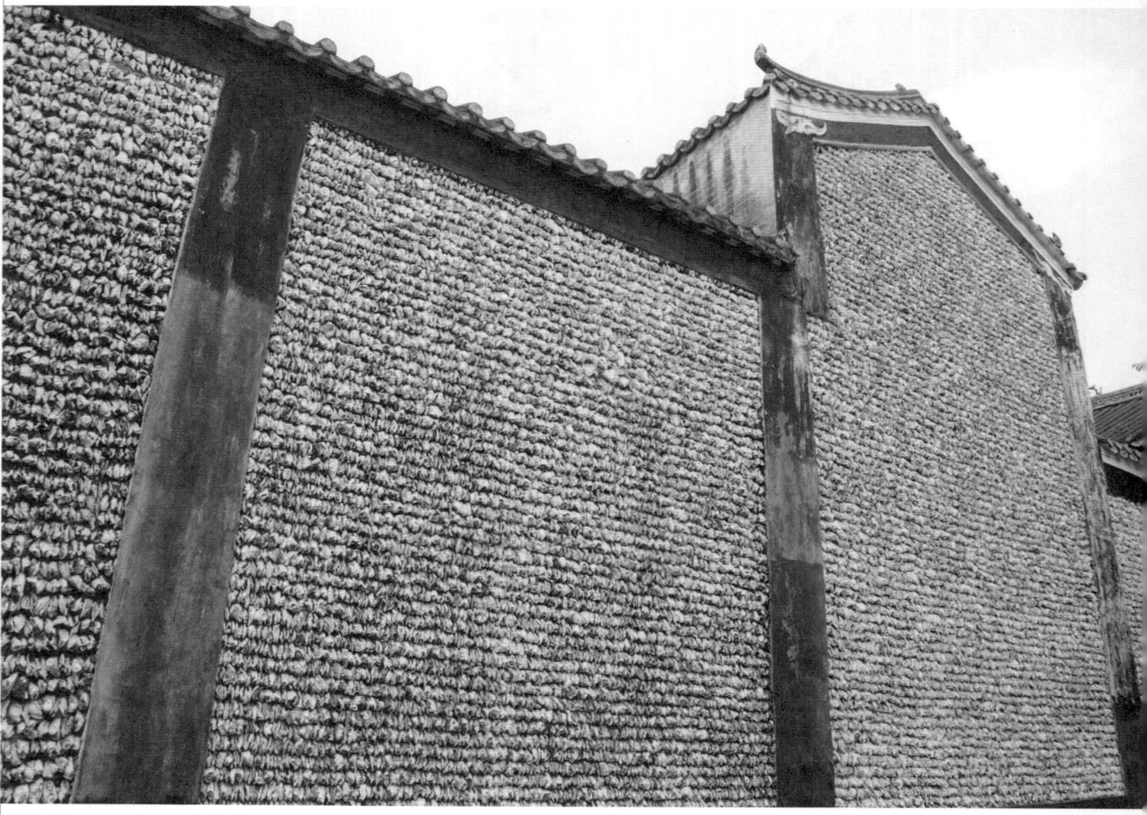

第一节　针尖绝技

一张绣架、一块薄纱，亮丽的丝线随绣花针穿引其中，或“绽放”一朵惟妙惟肖的木棉花，或“惊现”一树活灵活现的荔枝，眼前景象，似乎已不只是针线的穿梭，更似针尖上的一场芭蕾盛宴……

广绣，是旧时广州府及其属地南海、番禺、顺德等地民间刺绣工艺的统称，至今已有2000多年的历史。自古以来，番禺一带即为广绣的核心传承地。

广绣以构图饱满、形象传神、纹理清晰、色泽富丽、针法多样、善于变化的艺术特色而闻名，它与潮州刺绣合称“粤绣”，与苏绣、湘绣、蜀绣并称为“中国四大名绣”。2006年，粤绣（含广绣）被列入第一批国家级非物质文化遗产代表性项目名录。

传承：从番禺到巴黎

2018年2月，一件绣有广绣图案的时装，在巴黎服装展览会上吸引了众人的目光，栩栩如生的刺绣，成为展会上的一大亮点，很多人都在追问刺绣的来源。这件时装上的广绣图案，就出自广州番禺人——梁雪珍之手。

梁雪珍，番禺区新造镇广绣艺术社社长，是广绣第五批广州市级非物质文化遗产代表性传承人。梁雪珍出生于新造镇北亭村

梁雪珍和她的刺绣作品《木棉花》

（现属小谷围街），北亭村自古就有广绣传统，因此她自小受到了良好的广绣艺术环境熏陶，从12岁时就开始绣花挣钱。

说起与广绣的结缘，梁雪珍笑言这在北亭村是十分寻常的事情：“以前村里百分之八九十的妇女都是绣花的，甚至连男子都以绣花为生。我小时候看见人家的绣花作品那么漂亮，还能靠它挣得一定收入，也就跟着姑姑开始学绣花了。”

刺绣是一项非常需要专注力的手艺。梁雪珍回忆，自己年轻时绣花经常进入忘我境界。有一年，12级台风袭击广州，当时她专心在家里绣花，完全没注意到剧烈的台风，直到屋子被台风刮倒了，她才察觉，“我回想起来都非常后怕，那个时候自己对绣花真是很痴迷”。

小时候好学而不倦的她，很快就掌握了各种特殊的针法，并将刺绣工艺运用到各种生活物品上，比如墙壁挂画、戏服、手帕、床单等。

然而在20世纪80年代，广绣受到其他行业的冲击，梁雪珍也逐渐放下了刺绣技艺。直到2006年，国家大力推广非物质文化遗产，她才重新拿起了这门手艺，潜心研究广绣的技巧。

她对传统广绣加以创新和发展，自创了一套特别的针法，从而使刺绣作品呈现出更加精细、逼真的效果。“本来木棉是偏金黄色的，但为了搭配米色的布料，我会选择玫红色的线来呈现木棉；另外，如果针脚太长，那么绣在质地细软的锻布上时，锻布很容易浮起来，所以我会尽量用短如米粒的针，一针针、一层层地绣上去，虽然这样会费力很多，但绣制的效果就会好很多。”梁雪珍介绍道。

几十年来，梁雪珍多次获奖，她在新时期的作品，如《岭南红荔》《花开富贵》《英雄花》《熊猫》《纯洁》《荷趣》等，更是得到了多方赞许。番禺一家服装公司的设计师发现了广绣的独特之处，于是找到她，希望将广绣与时装结合，把广绣艺术带出国门，于是有了这次广绣走进巴黎时装展的欧洲之旅……

广绣在番禺的发展

最早关于广绣的文字记载见于唐朝。据唐人苏鹗在《杜阳杂编》所载：“唐永贞元年，南海贡奇女卢眉娘，年十四，工巧无比，能于一尺绢上绣《法华经》七卷，字之大小，不逾粟粒，而点划分明，细如毫发。”此段记载的是唐顺宗永贞元年（805年），南海14岁姑娘卢眉娘于皇宫中，在一尺绢上绣《法华经》七卷，字如粟粒而点画分明、细如毛发，足见其技之精。据此文记载，卢眉娘不仅善于在方寸之间精绣细缕，还擅长在尺幅之中精绣亭台楼阁、人物繁多的宏大场面。其精湛技艺，应不输于今天的工艺大师。

文化学者、番禺民俗顾问梁谋认为，广绣的兴起与“海上丝绸之路”有着密切联系，广绣的起源也要更早。早在2世纪，东汉桓帝时期，古罗马帝国的商船第一次经过地中海、红海，循海路驶达番禺，开辟了广州由亚洲与非洲、欧洲相连的海上航道。此后，中国生产的丝绸就沿着这条海路远销世界各国，正是因为有这条“海上丝绸之路”，广绣工艺渐渐在番禺一带兴旺起来。

“史料记载，‘海上丝绸之路’的三大商品是布匹、茶叶和陶瓷，布匹最高级的表现形式就是刺绣，因为刺绣可以让布匹增值，这是财富积累的重要来源，基于这一因素，珠三角一带的刺绣产业发展得很快。”梁谋介绍道。

据文献记载，五代十国至宋、元时期，广州农业、手工业、对外贸易不断发展，民间刺绣也逐渐发展起来，欣赏品的工艺日臻成熟，独立欣赏品与日用绣品分开，由此形成了一种独立艺术——刺绣画。到了明代，刺绣业更成为民间的一项重要的手工行业。明正德九年（1514年），葡萄牙人在广州购得龙袍绣片回国，得到国王的重赏。广州绣品从此开始成为出口的主要手工艺品，扬名海外。当时，广州刺绣艺人不仅使用绒线绣，而且创造性地使用孔雀毛、马尾作线缕、勒线，用金线、银线刺绣。

清代时，广州的刺绣作坊多在状元坊、新胜街、沙面一带。高档绣品有条幅、挂屏、台屏等。清初，英国商人拿服饰图样到广州绣坊订绣品，因图样乃西方油画风格，绣工为绣得惟妙惟肖，便增加绣线种类及改革绣法，丰富绣品的表现力，使广绣技艺更加提高。

清代中叶，由于粤剧和粤曲的繁荣，广绣又增加了一类新品种——粤剧戏服。当时广州状元坊制作的戏服已享誉国内，连宫廷戏班也慕名前来定制。乾隆年间广绣业已成行成市，绣坊、绣庄多达50家，从业人员达3000多人，是广绣出口的全盛时期，大幅的绣画纳税也要白银一至二两，可知价值不菲。当时的广绣作品布局章法已中西合璧，用色浓艳且非常注重光影变化。至今北京故宫博物院仍保存着当时的广绣挂屏，可证其艺术高超。

据史料记载，清朝光绪二十六年（1900年），经广州海关出口的广绣，价值达到了496,750两白银。

自梳女的出现，则是刺激广绣飞跃发展的又一重要因素。清末到民国初期，番禺的禺南一带，大批农村姑娘加入刺绣行业，其中有相当一部分是自梳女。梁雪珍的出生地新造镇北亭村，就是番禺自梳女习俗保留得最好的村落。

20世纪50年代初，新造北亭村、南亭村等地先后成立“花社”，即绣花工艺社，广绣工艺从个体转为集体。刺绣工艺日趋完善，绣品色调也越来越丰富瑰丽，风格独特。

闯过广绣人物头像“禁区”的大师

就像大多数民间工艺一样，广绣在自身的发展历程中，也难免会面临自我革新的种种难题。当下，番禺广绣的主要传承人有中国高级工艺美术师陈少芳以及梁雪珍、梁秀玲等人，其中，广绣大师陈少芳，就是真正让广绣实现跨时代创新的一位名家。

2001年9月至2002年6月，广东民间工艺博物馆推出的“陈少芳广绣作品展”，吸引了众多国内外观众的目光，一时间广绣再度被业界所关注。但其时，放眼偌大的广州，真正在从事广绣画这一民间工艺美术的人已寥寥无几，当年闻名海内外的广州刺绣厂早已不生产绣画，唯有退休后的陈少芳与友人合办的番禺广绣艺术研究所还在不断创作新精品。

陈少芳和她的广绣代表作

善于将中西绘画造型艺术手法运用于广绣的绣制，突破陈规，灵活运用各种针法，使传统针法根据物象不同的质感、不同的题材和塑造意境的需要而重新组合，旧法新用，产生新的艺术效果，这是陈少芳的作品一大特色。

早在1982年，陈少芳一幅名为《晨曦》的广绣作品，获得了1982年全国工艺品百花赛金奖，确立了广绣在全国的重要地位。这幅作品当时还得到邓小平的赞许。

在这幅广绣作品上，陈少芳大胆地将传统广绣工艺中只能绣巴掌大小的孔雀，发展到可以绣出1米多长的孔雀，结合广绣惯用的强调与夸张的用色手法，拉大色距，形成富丽堂皇的色彩，让广绣工艺制作出来的孔雀效果比真孔雀还要漂亮。

《晨曦》的成功让陈少芳明白，广绣优秀的传统给今天的刺绣创作铺平了道路，但对传统不能因循守旧、一成不变。随着其他绣种的发展，传统的广绣工艺更是需要继续攀登，寻求更多的突破。

刺绣中绣纹的作用一向被轻视，研究它的人少之又少。陈少芳发现绣纹在表现物象的结构和立体关系、物体的静态与动态，甚至在刻画人物表情和气质方面，都起着重要作用，因而倾力进行探讨和实践。终于在她的努力下，广绣的人物肖像技艺突飞猛进。

在丝线色彩的运用方面，陈少芳不受固有丝绒色的限制，将国画与西洋画的色彩构成原理融于刺绣中，使有限的色线产生丰富的色彩效果，开拓了广绣用色的新天地。

为开拓广绣技术和市场，陈少芳放下传统制作的思想包袱，大胆创新。攻下了人物肖像刺绣这一难关。她经过3年的试绣，终于琢磨出名画《蒙娜丽莎》微笑的特点，突破了广绣人物头像绣制的困难。

传承与发展——广绣中番禺人的态度

随着现代科学技术的高速发展，通过纯手工制作的传统广绣，渐渐被机械化生产的商品代替，曾一度呈现日渐式微的趋势。

为了推广和宣传广绣，广绣传承人梁雪珍到各地讲学、参展、现场演示。她经常和女儿走进学校，尝试带着孩子们一起去了解这项传统艺术，希望在小朋友的心中埋下广绣这颗种子。

陈少芳退休后，带领着家人一起投入广绣的工作，为了给广绣带来更大的发展空间和市场，他们努力地做着各种尝试。

在南村镇政府的帮助下，陈少芳工作室在南村文化中心成立，为广绣提供了一个发展的平台。同时，南村镇政府还邀请广绣艺人免费向群众提供广绣培训课程，不遗余力推动广绣的发展。

2021年，陈少芳已84岁高龄，她所带领的第3代传承人已开始崭露头角。在传承广绣的道路上，他们在不断地摸索前行，力求让古老的艺术，绽放出新的生命力。

陈少芳的儿子谭展鹏、孙女谭靖榆，从小便受家庭氛围影响，耳濡目染，在陈少芳的指导下，广绣技艺不断进步。他们希望将广绣和生活结合，创新出更多实用的产品。陈少芳手艺的一代代继承者们，对广绣的发展前景充满信心。

一根细针，在普通人手中只能缝补，而在大师的手中，则是一支可以描绘斑斓画卷的画笔。这门针尖上的艺术，承载着手艺人们对当下美好生活的祝愿。

广绣的一针一线，既是彼此的牵连，又互相拥簇，透过广绣针尖上的功夫，我们还能够看到番禺人刻苦耐劳、包容创新的态度。

今天，在番禺区委、区政府的大力支持下，广绣又迎来了发展的大好机遇。以陈少芳为首的广绣艺人，以番禺为平台，在“一带一路”合作倡议的引领下，在新时代的春风里，必将创造出更多更好的作品。

扫码观看
纪录片《针尖上的艺术》

第二节 龙船制作

五月端午，观龙舟竞渡，看百舸争流，是珠三角地区一年一度的盛事。珠三角河网交错，水运发达，也催生了造船业的发展。只要是有人划龙舟的地方，就有人造龙船，但你一定想不到，在番禺区洛浦街有一条叫作“上漖”的村，至今仍包揽了广东八成龙舟的订单，在番禺区南村镇一条叫“员岗”的村，至今还保留着龙船头尾制作的技艺。

在现代工业文明的无情荡涤下，不少地区的传统手工技艺几乎奄奄一息、所剩无几。我们庆幸在番禺的大地上，还有许多的手艺人执着地传承着传统技艺。他们既坚守传统，又矢志创新。在这些生命力顽强的传统手工技艺中，仍能看到曾经的风光与辉煌。

淫梁生番禺，是始为舟[①]

从充满着现代气息的厦滘地铁站出来再走半小时，就是上漖村，这里是广东著名的龙舟制造基地。上漖龙舟已经有140多年历史，当地造龙舟的声名远传东南亚，甚至南非。这里的制船师傅多数是上了岁数的工人，多年来坚持用坤甸木造龙舟。

每年端午节前后，上漖村都会迎来各路人马。2018年6月8日这一天，是番禺石楼镇茭塘西村新龙船竣水的大日子，却偏偏遇上8级台风“艾云尼”。强风暴雨的夹击，却丝毫不减茭塘西村村民的热情，老中青100多个人浩浩荡荡来到上漖龙船厂。

“有十几年没装过龙船了。”茭塘西村村支部书记、村委会主任黄志强开心地说，“全村人都特别开心，个个争先恐后抢着来看，四台大巴都不够坐，回去还要大摆酒席。”

村民备好烧猪果品，开始拜神烧香。他们用柚子叶洒水辟邪，用朱砂为龙船点睛，寓意风调雨顺。

龙船鼓声响起，茭塘西村数十男丁分站龙船两旁，迎着风雨将龙船抬出河涌……

① 语出《山海经·海内经》：“帝俊生禺号，禺号生淫梁，淫梁生番禺，是始为舟。”

新龙舟竣水仪式

像茭塘西村这样，父老乡亲穿着整齐划一的村服，以最传统、最热烈的方式恭迎新龙船下水，是上漖村狭长水道上的一道风景，因为珠江三角洲大部分的龙船都产自这里。

番禺河网交错，水运发达，催生造船业的发展。据屈大均《广东新语·舟语》记载，广东、海南两地最具代表性的船类有战船、洋舶、藤埠船、泷船、疍家艇、大洲龙船、龙船等。出没于大海的广船，常遇风涛险阻，故以铁力木制造，另固之以底梁、横担，船体厚重，骨干坚强，吃水线深，行驶于大海的惊涛骇浪之上，更多借力于封套，所费人力较轻，故有“铁船纸人”之说。而行驶于江河之上的船只，因滩多路险，吃水线浅，故以樟木制造，且无横木，在激流险滩中顺流而下，势如疾矢，须强有力的舟子方能操纵，否则倏忽之间，船毁人亡，故有“纸船铁人”之说。由此可见，至少在明代，番禺一带的造船技术已经非常发达。

一直延续到清末民初，造船业遍布番禺各圩镇，当时主要是生产货船、渔船。20世纪80年代，境内交通逐步改为陆运为主，造船业日渐萎缩。不过从20世纪80年代龙舟竞渡复兴以来，龙船制作业反而转趋兴旺，如今能延续旧日风光的，仅剩洛浦街上漖村三支香水道的龙船制造基地。

三支香水道，江流平缓，水道与村相邻的区域有一处面积较大的浅滩，利于运送木料和新龙船下水，是难得的造船天然良港。

龙船制作之乡——上漖

龙舟制作是一种古老的传统手工技艺，以家族传承为主。上漖村的龙舟技艺传承师傅以黄姓、卢姓、梁姓和陈姓为主。据当地父老乡亲的说法，清朝同治、光绪年间，黄弘开始造船，是上漖村最早的造船师傅。黄弘将造船技艺传授给第二代传人黄寮（1879—1944）。黄寮是上漖造船史上最有名的造船师傅，《番禺县人物志》写道："黄寮师傅手艺精湛，为制作上乘龙船，反复研究，使龙船坚固耐划。"他自创"柱利船厂"，技艺代代传承，至今已传承至第五代。

黄剑挺就是上漖龙船厂的第五代掌舵人，8年前他接棒父亲黄善接管船厂，现在已经独当一面，"一开始只是当揾食（谋生），但慢慢做着做着就有感情了。"每年的端午节前一两个月，是龙船制造业最繁忙的时候，新龙船准备出货，旧龙船排着队等维修，黄剑挺经常连续几个月不能好好休息。

上漖村现有造船师傅20人。第四代造船师卢浩英师傅从20世纪50年代开始造船，经历了番禺龙舟制造业的起起落落，是公认的掌握龙舟制作技术的杰出代表。

卢浩英对过往时光甚为怀念。他说："这门手艺传到我这里已经是第四代人了，起码已有两百年。不同的是，以前师傅们都闭门出图纸，做好了才会拿出来，因为传外姓人会把龙船生意分薄，但后来黄福师傅（第三代造船师）将图纸公开了，做龙船的人也就多了起来。上漖人也并不只是做龙船，渔船、杂货船、运输船都是上漖村最早开始做的，集中做龙船是在最近十几年，因为现在桥通路通，不需要那么多船来运输了。"

上漖村主要制作广东西江水系常见的"鸡公头"龙舟，他们制作的龙舟因"样式好、密度高、扒得快、够坚牢"等特点，备受市场欢迎，甚至远销东南亚。

龙船制作是个精工细作的技术活，一条龙船到底是如何诞生的？

选料是关键的第一步。

卢浩英师傅介绍，用于龙舟制作的木头一般为坤甸木、柚木、楸木、杉木。坤甸木结实耐用，闲时将其藏于河床淤泥中，藏得越久木头会越靓，需使用时再将其挖起即可。杉木材质轻，价格便宜，常用来制作比赛用船，但是杉木龙船不能藏于泥中，一藏就会腐烂，所以只能抬高放着。

好的龙船百年不烂，除了选材用料考究，更重要的是龙船制作技艺。上漖村的龙舟制作技艺，集“鸡公头”龙舟传统技艺之大成，从一块木头到一条龙船总共需要包括升底、钉脚旁、扎彩盘、上龙缆等14道主工序。

黄剑挺师傅介绍，第一道工序升底即做底骨。底骨是一条龙船的主心骨，它不仅决定了整条龙船的水平高低和尺寸，还是整条龙船的牵引力所在，使龙船不至于变形，底骨要比其他板材厚一倍，就好比一条鱼的主骨。

第二道工序是上脚旁，脚旁装好之后再上大旁。

龙船术语中的“旁”，指的是围着底骨做出括弧型的木板，先钉脚旁，再上大旁、花旁、夹旁。裁剪得当的板材一块一块拼接，拱出龙船细长直的流线，却看不出拼接的痕迹，这与其独特的制船技术有关。

黄剑挺说：“上漖最引以为傲的就是掌口技术，两块板的拼接几乎看不到接口，而且不需要加任何的螺丝钉，纯粹靠两块板做一个梯形的接口，锤打进去。这一技术可以说在珠江三角洲地区是首屈一指的，上漖村就是靠它而闻名的。”

黄剑挺所言非虚。上漖龙船有四大技术，包括侧立偏差控制、掌口、钉眼处理和船体设计，最神秘要数掌口技术，掌口即木头与木头之间的接驳口。这个接驳口不是靠钉子或胶水连接，而是靠人工仔细地凿出各种规格的咬口，再用锤子敲打将两块板拼合在一起，密实程度甚至容不下一根头发丝。

“除了木皮结实之外，工艺也要过关。只要有人划龙舟的地方就有人造龙船，可为什么大家还是要跑来上漖订？因为这里的技术水平高。”黄剑挺自豪

能工巧匠们正在精心制作龙船，每道工序都凝结着工匠的智慧与汗水

地说，“珠江三角洲以外的地方的制船技术我们都接触了很多，但上漖村的制船工艺的确是胜出其他地方一大截的。”

“尺寸合理，也是上漖龙船游得快的秘密之一。”黄剑挺介绍道，上漖村制作的“鸡公头”龙舟，以26.8米（约8丈）、33.8米（约10丈）、39.8米（约12丈）三种尺寸居多，其中26.8米长的可坐50人，33.8米长的可坐60—70人，39.8米长的可坐80—90人。上漖龙舟制作师傅都会根据每条船所要求的长短宽窄和吃水深浅，形成一套既精密又合理的结构布局方案，能使龙舟真正能做到划得稳，去得快，够牢固。

拿得起绣花针，雕得了龙船头

经过3次打磨、4次上油后，船身基本完成，但这还不能被称为龙船，因为还缺少最重要的部件——龙头跟龙尾。

南村镇员岗村的梁镇洪是远近驰名的“龙头大佬”，他从15岁拜师学艺，开始是当木工，后来专注于龙头龙尾的制作，至2018年11月去世时已近60个年头，经他手制作的龙头已过千个。

他曾接到过一个艰巨的任务，为邻近的塘步西村复刻一个有200年历史的老龙头。

梁镇洪说：“塘步西村的塘西老龙共有5缕白须，这代表龙身有超过200年历史了。做龙头讲究遵循传统，我们基本都会按照每条村历史上龙头的原样去复制。这条船拿过名次，作为胜船，龙头是一定不能走样的，复制时一定要百分之百还原，这也是最大的难点所在。”

龙头的制作实质上是木工雕刻的一种，梁师傅能把这一技艺“玩”得出神入化，这与他的个人经历有很大关系。“文革”期间，禁划龙舟，梁师傅在绣花厂绣花。在传统广绣行业中，男绣工所做的，都是工艺要求比女工更为精细的“上工序”，即人物头像、手脚、衣裙、绣褶等纹样。这些经历为他奠定了非常扎实的民间技艺功底。

梁镇洪师傅生前每天都会在自家的小院中摆弄各种形态各异的龙头。从购置樟木开始，到形成初坯，画出大样，根据不同部位的要求精雕细刻，再到成型，都由梁师傅一人完成。最后，还要为龙船头安装上鼻球、龙须、龙舌、龙珠，一个完整的龙船头才算制作完成，费时一个星期左右。

新龙船上龙头

龙头造型复杂，其表情或喜或怒对整条龙船的造型有很大的影响，这非常考验龙头制作师傅的美学功底和雕刻技术。“做到不走样很难，非常讲究功底，要使龙头和人面一样，将喜怒哀乐明确地表露出来，就必须掌握眼神、面容、牙齿、口型等方面的刻画。”梁镇洪说。

龙头龙尾做好之后，将会被送到上漖村的龙船厂，装在“虾壳”上。再配置大鼓、锣架、铜锣、罗伞、百足旗、神斗等物件，一条完整的龙船便完成了。经过隆重的竣水仪式后，这条龙船便会带着村民美好的祝愿，穿行于番禺的河网间。

在番禺人眼中，龙船是神圣的，龙船经过的水叫龙船水。据说，用龙船水擦擦双眼、洗洗手脚便能够获得健康。改革开放后，造龙船的村越来越多。盛世起龙，这络绎不绝的新龙船竣水盛景，其实也是民丰物饶、生活富足的写照。

忧虑：龙船制作技艺青黄不接

端午节前夕，黄剑挺厂里的新旧龙船都已全部出货，此刻，他却轻松不起来。黄剑挺的工厂一年大概能生产20条龙船，订单逐年稳步上升，然而龙船从业人员却青黄不接，很少年轻人愿意入行。

“我进入船厂时，绝大多数员工都已超过50岁，40多岁已经算年轻了，而我就是最年轻的一个。现在我几乎做一年就有一个老员工退休，旧人退去却没有新人补充进来，真有点日薄西山的感觉……”黄剑挺感叹道。

年轻人不愿意入这一行，不是因为工作强度太大，而是因为工作环境很热，而且灰尘很大。

2018年，上漖村仅剩8间船厂，数量不足鼎盛时期的1/6。虽然相比于全国其他地区，番禺还有一批执着传承手工技艺的艺人，上漖龙船制造业也不愁找不到客户，但龙船业仍难免面临不少其他民间工艺共有的困境——人员短缺、原材料短缺、经营成本高涨。

黄剑挺经常回忆起过往：“从事龙船制造虽然赚不到大钱，只能挣口饭吃，但在我看来，那种满足感和荣誉感，是做其他行业是没有的。在我很小的时候，我经常跟爸爸去吃龙船比赛后的‘龙船饭’。有一年村里拿了比赛冠军，我和爸爸一进入祠堂就发现里面已经坐满了人，有人说‘黄师傅来啦’，整个祠堂的人便起立鼓掌。当时的那份荣誉感在我的内心留下了深刻的印象。”

梁镇洪也曾说：“客户开开心心地来找我，也很开心地把产品带走，我自己就会很有满足感，回顾过去几十年的从业经历，我始终都觉得非常值得，如果可以，我希望再做几十年。”

一条龙船的诞生，背后是手艺人对传统技艺的执着与坚持，是对龙船发自内心的热爱。100多年前，上漖龙船师傅留下了龙船制作一丝不苟的优良传统，正是凭借这种凝神专一的工匠精神，一代代龙船继承人接续努力，使得上漖龙船誉满珠三角。

在某种意义上，龙舟制作技术的传承，与华南地区地域社会的联结、宗族村落共同体系的维系，都有紧密的关联。龙舟传统制作技艺的传承与发展，在当下社会无疑具有独特的意义和价值。

扫码观看
纪录片《一条龙船的诞生》

第三节　精雕巧塑

如果你去过广州陈家祠，一定对这座广东规模最大、装饰华丽的岭南祠堂建筑中璀璨夺目的民间工艺留有深刻印象：砖雕、石雕、灰塑、木雕……方寸之间，一块块青砖精雕细琢，一个个人物形神俱备，一刀刀技艺穿越时空，一代代艺人传承匠心。

但你可曾想过，如果这些古建筑装饰年久失修，如今的我们还能否找到艺人来修复？番禺地区古建筑种类繁多，庙宇祠堂数不胜数，作为岭南古建筑最璀璨和艳丽的装饰艺术的代表，砖雕、灰塑这些技艺历经百年风雨，几近失传。所幸，近年来番禺人民传承匠心精神，使得传统技艺涅槃重生。精雕巧塑，终留存遗韵。

精雕细画　沙湾遗韵

如今要找寻砖雕、灰塑这些传统岭南艺术精品，位于番禺区的沙湾是一定不能绕过的。始建于南宋的沙湾，是一个有着800多年历史的岭南文化古镇。沙湾历史文化资源丰富，民间艺术饮誉南国。全镇现存以留耕堂为典型代表的古祠堂100多座，还有清代三间两廊镬耳大屋、民国洋楼、自由式民居等建筑，当中保存了大量砖雕、木雕、石雕、灰塑、壁画等艺术精品，艺术风格具有浓郁的岭南特色。明清以来，沙湾一带大批“泥水佬”（从事传统建筑营造的工匠）活跃于珠三角地区的建筑领域，砖雕、灰塑技艺更是进入全盛时期。

明清时期沙湾地区的建筑艺术进入繁荣时期，这与日渐完善的宗族组织有莫大关系。宗族组织通过建祠堂、修族谱、置族田、订族规等，不断强化宗族势力。祠堂即是宗族组织的重要标志，建筑甚为宏丽。

历代的祠堂、庙宇、私人宅邸，其各类建筑装饰涉及的题材广泛，形象惟妙惟肖、栩栩如生。沙湾留耕堂就是其中的代表。

留耕堂是沙湾何氏的祖祠，是珠江三角洲地区乡村祠堂建筑的典范。该祠始建于元代至元十二年（1275年），清康熙三十九年（1700年）建成现有规模，祠内各类建筑装饰既精美繁复，又生动逼真、寓意吉祥，如支撑4层如意斗拱的驼峰，在檐口下一列

33个，全以高浮雕手法表现奇花异卉、飞禽走兽。

这些精美的建筑，正是明清以来番禺地区手工艺人的杰作。旧时百工多籍籍无名，“泥水佬”们的生平与艺术创作，文献史料绝少记载，许多杰出工匠的名号，并没有与他们精心装饰的建筑一样长留世间；更为可惜的是，他们身怀的各种技艺也随其名号风飘云散。所幸其中的极少数工匠在建筑装饰中题有落款签章，番禺过往名匠中如今还能为大家所熟悉的只有这几位：黎文源、黎浦生、杨瑞石……

现代以来，随着现代建筑的普及，传统建筑工匠后继乏人，壁画、砖雕等传统建筑装饰艺术逐渐湮灭在历史长河中。“文革”时期，祠堂庙宇被视为“四旧”而遭到破坏，其原有的功能在村落公共生活中日渐式微，被称为“泥水佬”的传统建筑工匠手艺也逐渐失去市场。

砖雕传承人——何世良

2002年，番禺沙湾镇紫坭村的宝墨园内一幅巨型艺术砖雕《吐艳和鸣壁》，被上海大世界基尼斯确认为当时“世界最大的砖雕作品”（长22.38米，高5.83米，厚1.08米）。砖雕背后的艺人——广州番禺人何世良逐渐被人所知晓。

气势恢宏的巨型砖雕《吐艳和鸣壁》

何世良，1970年生，是一位土生土长的番禺沙湾人，如今也是广东省非物质文化遗产项目砖雕代表性传承人、广东省工艺美术大师、广东省传统建筑名匠。遍布沙湾的祠堂宅第，是古建筑艺术的宝库。何世良生活在其中，自小耳濡目染。

说起与砖雕的结缘，何世良觉得有点歪打误撞：“沙湾的古建筑上，砖雕、木雕、灰塑、壁画很多，我小时候经常去一些倒塌的房子旁找青砖玩，会将其磨成不一样的形状。初中时恰好遇上留耕堂重修，我每天放学后都会去看看，大概当时和这个行当就有些缘分了。”

离开学校后，聪敏好学的何世良进入古建筑行业，但一开始是跟着木雕师傅胡敏强学习木雕制作。晚上十点钟加完班，别人都睡觉了，他却还在画图。师傅知道后非但没有责备，反而觉得这个年轻人值得培养，又拿了些图纸给他研究，这样的“加小灶”课程，给何世良的绘图设计打下了很好的基础。

机会总是降临在有准备的有心人身上。1995年，宝墨园重建、扩建，当时一位退休的老书记主持宝墨园建设，问何世良有没有胆量做一幅大型砖雕。“我当时说没有什么不敢的，于是开始尝试改做砖雕，做出来后领导也比较认可。本地的工匠都能够做出我们本地砖雕的味道，不过现在回头看，当时水平还是比较低的。”何世良回忆道。

何世良敢于制作砖雕，其实也源于自己扎实的绘图功底，不管是砖雕还是木雕，都离不开扎实的画图功底。

由于砖雕的制作周期比较长，原材料的损耗也比较大，早在清末民初的时候，受西风东渐的影响，岭南建筑融入西方元素，传统建筑艺术的成分随之减少，民间工匠的手艺也因此被闲置。在何世良进入砖雕这一领域时，老艺人已经凋零，砖雕技艺几近失传。

在得知何世良正在从事砖雕制作，世代建祠堂的老艺人、胡敏强的父亲胡枝师傅遂将自己的砖雕、木雕技艺悉数传授给何世良。从这一刻开始，何世良的砖雕技艺日臻完善，砖雕也从这一刻起重新有了传承人。

和其他地区砖雕粗犷的风格相比，岭南砖雕要精细得多，手艺人可以直接在青砖上雕花，雕成的花卉花瓣薄如纸，戏曲人物衣甲清晰。由于构图十分精细，在每个凹处相邻之间形成了纤细如丝的亮部，形成了明暗对比的效果，在阳光下明亮的线条构成了一幅幅栩栩如生的画面，岭南砖雕也因此被称为“挂丝砖雕”。要精细完成这些繁杂的工序，需要手艺人非常专注，砖雕的工作过程异常艰辛，然而何世良却乐在其中。

“当你将一堆冰冷的砖头，变成一件件很精美的砖雕作品，会有很大的满足感。这种满足感足以支撑你克服很多艰辛，所以我可以一天站在这里十二三个小时，一点都不觉得累。”何世良说，“此外，番禺区政府现在对手工艺人也非常支持，令整个工艺界非常活跃，让工艺人得到了更多尊重，这也是我们能一直坚持下去的原因。”

广东省美协会员、广州市民盟美术院副院长、番禺区美术家书法家协会副主席高鸣说：“一开始和世良相识，只知道他是一个国画家，后来才知道他还从事传统的砖雕艺术，而且创作水准相当高。他将对中国画的理解、艺术修养的高度，转化到了砖雕创作上，是一般工匠所达不到的。”

随着技艺的日趋成熟，如今何世良已是一代砖雕传承人，他始终勤于创作，他的代表性作品除了宝墨园的《吐艳和鸣壁》外，还有东莞粤晖园的《百福晖春图》、广州大厦的《禺山飘香》，其作品《六国大封相》于2015年获得第十二届中国民间文艺山花奖民间工艺美术作品奖。大型砖雕照壁《百福晖春图》是目前为止中国最大的砖雕作品，该作品以“福”为主体，总长约50米，高9米，从设计、制作、安装到竣工，历时近3年。

灰塑传承人——崔镜兴

受到番禺区政府大力扶持的，不仅仅是砖雕，代表性传承人崔镜兴传承的番禺灰塑手艺，同样也得到重视和支持。在番禺余荫山房里，专门成立了崔镜兴灰塑工作室，让游客游玩之余，也能一睹手艺人的风采。

何世良与崔镜兴虽然年龄相差不少，但从小都受到沙湾的古建筑文化熏陶，可以说，沙湾的古建筑对这两位“非遗”代表性传承人具有艺术启蒙的作用。1975年，崔镜兴正式跟随当时番禺灰塑艺人陈大朱学习泥水建筑，画灯影，画草尾，雕塑花鸟。

“我读小学时，就很喜欢古建筑，一有时间就去看古建筑师傅做灰雕修复。那时候他们很保守，不让外人看到，我就悄悄地爬上屋去，观察师傅们用什么工具和材料。”崔镜兴回忆道，“跟随师父学艺后，就可以大大方方跟他

崔镜兴教孩子制作灰塑作品

上屋，由他手把手教我了。”

崔镜兴介绍，灰塑的作用一是装饰，二是镇宅辟邪。

灰塑最开始只是在山墙尖上装饰简单的卷草纹饰，叫作“草尾”，后来越做越漂亮，就开始蔓延到屋脊上去，造型从平面图文发展成立体造型、图案，题材从花草发展到人物故事、戏剧场景，色彩从黑白变成彩色，从一种手艺发展成一门艺术。

灰塑在选材上采用耐酸、耐碱、耐高温的石灰材料，由草根灰、纸筋灰和糖在半干的状态下批荡、塑形而成，并加入矿物质颜料涂绘，达到十分鲜艳的色彩效果，而且这种材料相对于砖石要轻很多，可在屋顶大面积使用。灰塑干透以后变得十分坚硬，不怕南方雨水的侵蚀。

崔镜兴的作品无论人物、动物、植物还是神话角色，皆惟妙惟肖、形神兼备。

“做灰塑一般都需要在建筑物的屋脊上操作，是一件很辛苦的工作，如果遇上大热天则更是令人难受，而且灰塑的工序很多道，很多徒弟做了一阵子就不想来，收入又不高，所以能沉下心来学的人真的不多。”崔镜兴说。

创新灰塑新形态——梁棉

如果说崔镜兴的作品在传统灰塑领域有较高的造诣，那么来自沙湾镇三善村的梁棉，他的“板上灰塑”就是传统灰塑的延续和创新。他创作的灰塑宛如木板上的立体国画，使灰塑艺术不局限于建筑物装饰上，更能成为普通家居装饰、旅游特产，进入寻常百姓家。

梁棉的父亲是在他11岁的时候病逝的，父亲虽然没有留下多少积蓄，但却留下了大量的灰塑设计图，而正是父亲的这些稿纸，为童年时期的梁棉奠定了灰塑艺术的基础，激发了他从事灰塑艺术工作的潜能。

无数细致的观察、构思、意匠加工训练，使得梁棉的技艺一天比一天精湛，找他帮忙的人接踵而至、络绎不绝。在荔湾的陈家祠，顺德的清晖园，番禺的余荫山房、莲花山、宝墨园、南粤苑等处都可见到他的灰塑作品。随着自己的传统灰塑技艺越发成熟，创新变革的思想开始在梁棉内心萌芽。

“我完成南粤苑的灰塑制作后，经理提议我做一些板上灰塑。从那时起，我开始从事板上灰塑，板上灰塑的优点就是可以挂起来，可以移动，但弱点是

梁棉的灰塑作品

不能够承受日晒雨淋。”梁棉说。

现代社会发展，人们讲究的是速度，对精雕细琢的砖雕、灰塑的需求实在是太少了。但板上灰塑的出现，让砖雕与灰塑等古建筑装饰艺术在未来有了更多的可能性，立足于传统的基础，通过不断的探索和创新，砖雕和灰塑等古建筑装饰艺术能否重焕光彩呢？

近年来，随着国家对工匠精神的弘扬，番禺区有关部门和各街镇加大了对传统手工艺人的支持力度。我们期盼着，岭南砖雕和灰塑迎来新的春天。

匠者，一颗细腻心、两只勤劳手，日夜不息，如切如磋，如琢如磨。繁杂的工序、艰苦的环境、身体的衰弱都不曾磨灭他们对艺术的追求，时代发展的步伐亦不曾踏乱他们内心的精神享受。

扫码观看
纪录片《精雕巧塑　沙湾遗韵》

第四节 榫卯之间

一榫一卯，贯通技艺的精髓；一刀一锉，勾勒艺术的神韵。番禺区石碁镇对传统红木工艺艺术的传承与创新，滋养着“广作”红木的生命与活力。

2018年10月11日，全国家具制作职业技能竞赛石碁红木小镇·碧桂园杯广州番禺选拔赛在永华艺术馆举行。这次大赛不仅得到了各级政府、行业协会和企业的支持，还吸引了来自不同国家的技能专家的关注。

“广作”——中国红木家具制作三大流派之一

番禺区石碁镇地处珠江三角洲番昌区的东南部，交通便利，自然条件得天独厚，历来是珠江三角洲发展经济的黄金地带。经济水平的持续提升，为工业发展带来源源不断的动力，石碁镇牢牢把握时代发展的脉搏，在新世纪、新时代，依托原有产业优势，推动产业结构转型升级，促进经济提质增效，将红木工艺作为镇区亮点产业进行打造。

“广作”红木家具的历史可以追溯到明朝，与“京作”“苏作”并称中国红木家具的“老三作”。广州十三行一口通商时

庄重而不失典雅的红木家具系列

期，岭南人敢为人先，在中国传统家具的基础上，结合欧洲文艺复兴以后的各种家具形式和工艺技法，创造了花样多变的华丽的家具式样，将中式家居的榫卯结构、雕花艺术与西洋的线条元素、设计理念相结合，形成其特有的大气、简约又不失雅致、飘逸的风格。

“广作”作为中国红木家具制作的三大流派之一，以其不断创新的理念和艺术呈现，引领着中国红木家具生产的潮流。改革开放初期，石碁人抓住“三来一补”贸易政策机遇，在传统广作红木家具的基础上改良创新，形成古典、实用的创新工艺。

“番禺一把椅”——“永华红木”

番禺家具生产在红遍全国的同时，也涌现了一批优秀家具企业家，家宝红木董事长陈成基就是其中的一位。

家宝红木创立于1957年，作为番禺石碁的老牌红木企业，在改革开放初期培养了一批优秀的管理人员和工艺手艺人，他们将技艺带到了全国各地，也为当地红木生产打下了坚实的基础。20世纪80年代，民间有一句美誉：“顺德一把扇，番禺一把椅。”“广作”家具在全国享誉盛名。

“改革开放的第一年，家宝红木家具出口排全广州第一，家宝红木也是广州第一家出口红木家具的公司。从1979年到1982年，国内经济持续发展，人民的生活水平不断提高，所以当时国内的生意比较红火，我们会招收许多全国各地的工匠大师、雕刻大师和木工人才，家宝红木也就成为珠三角地区红木家具行业的‘黄埔军校’。”永华红木创始人陈达强回忆道。

1986年，已经积累了几年家具制作经验的陈达强，揣着两万元的启动资金，开创了永华红木品牌。接下来的十年，是永华红木的第一个生长期，和其他红木企业一样，永华红木随着社会经济的快速发展而迅速成长。

番禺素来是中国对外经济贸易的重要窗口，是创造财富、聚集财富的宝地，也是迎接时代信息的听风口。20世纪90年代初期，广东俨然成为全国时尚的风向标，家具是当时人们生活品质的一种新体现，番禺的红木家具远销全国各地，成为家具消费的时尚标志。

可正当人们为时尚潮流埋单的时候，敢为人先的广东人，已经开始找寻下一个更高更远的巨浪。

寻求红木更多价值所在——“设计理念和手工艺”

“到了1995年，企业逐渐做大做强，我们的红木产品是供不应求的。作为企业老板，我意识到自己在管理上亟待提升，希望能够通过学习将自己的思维空间打开，所以在那时候去读了MBA（工商管理硕士）。”MBA课程让陈达强拓宽了眼界，也接触到了来自不同国家的文化。

“一开始工艺我们跟不上，于是我们改进了工艺。产品投放市场后，我们发现质量提升后的产品虽然价格高，但卖得也会比较快。市场告诉我们，质量好的东西一定是有其价值所在的。”陈达强说。

红木家具市场的红火，曾一度让红木生产过于活跃，在火热销售的背后，是原材料的快速消耗及交易诚信问题，红木生产行业的隐形危机也渐渐显现。

家宝红木总经理陈健发回忆道：“记忆最深刻的一次吃亏是在2013年末至2014年初这段时间。当时红木原材料在升值，但货买回来十几天之后就跌价了，损失了300多万元。”这一件事，让陈健发真切地体会到红木原材料价值的重要性，同时，也让他对有限资源的利用和开发有了一番思考。

陈健发说：“客户觉得红木贵，贵在原材料，其实红木家具的设计理念和手工艺，是最应该超过木材本身价值的因素。传统红木家具用的原材料起码要超过150年到200年才能成材，如果我们再不去保护，它就会匮乏。当原材料都匮乏了，红木家具厂商用什么去生产，用什么去传承呢？就是要用我们的设计理念和传统的手工艺。”

家具展会上，永华红木创始人陈达强向观众介绍传统广式硬木家具

番禺石碁红木协会——“我们要尊重好每一寸木材”

每一个行业发展到一定阶段，都需要一个有效的协调和管理机构。为了让红木行业更加有序、健康、和谐地发展，2014年6月18日，番禺石碁红木协会成立。

“成立这个协会是为了大家统一抱团、向上发展，单打独斗那种模式已经过去了。”番禺石碁红木协会会长邱志坤说。

番禺石碁红木协会制定了一套行业监管标准，对所有企业和产品实行“一证一卡一书”制度，形成了一个良好的诚信监督体系。

邱志坤说：“我们要尊重好每一寸木材，因为木材是来之不易的，是大自然赋予我们的礼物，我们要将它们用到极致。当传统文化被融入现代文明建设，并成为文化发展潮流的时候，便是在为传统文化释放更多的传承与保护的氧分。”

“广作”红木是番禺石碁的亮点文化产业，红木生产在这里不断地聚集与壮大。如今，石碁聚集有93家红木生产企业，工业总产值36亿元，占全镇地区生产总值的31.1%。

在红木家具产业已成气候的情况下，番禺石碁乘势而为，将红木产业作为“十三五”期间重点发展产业。

2017年，番禺区石碁镇与中国家具协会签署共建产业集群协议书，石碁镇被授予“中国广作红木特色小镇”区域荣誉称号，成为全国唯一一个中国“广作”红木特色小镇。

同年，红木小镇第一期项目——石碁镇南浦村的微改造工程启动，这意味着红木小镇的规划已悄然开始，小镇将极大推动红木产业和周边经济发展。

此外，石碁成功申报了广东省广式硬木家具制作技艺“非遗”项目，“广作”工艺的艺术价值得到肯定。

其实，“广作”被列入“非遗”，也正说明“广作”的传统艺术正面临着衰退，艺术的传承与发展受到了一定的客观限制。传承是工艺艺术面临的最大问题，如何让更多的新鲜血液注入“广作”红木生产当中，是需要解决的首要问题。

和大多数传统工艺一样，愿意投身红木生产的年轻人越来越少。过往老红木工艺人带上百个徒弟的情形，现在基本上不复存在了。

但改革开放以来，随着经济的发展，中华传统文化得到了有效的传承与保

工匠们正在加工客户定制的红木家具

护，尤其是党的十八大以来，国家对文化自信的重视，让更多的传统文化被不断地深挖，进而得到沉淀。

陈达强说：“现在国家提倡文化复兴，这对我们传统行业的企业来说是一次契机。我们也计划开设一个技术培训工作室，结合社会的需求，将蕴含于中国红木家具中的文化和工艺传承出去，推广出去。”

在全球化浪潮、智能化发展的新时代背景下，红木家具的设计也呈现国际化、智能化的趋势。面对红木原材料资源日益稀缺的压力，红木家具的市场竞争和发展压力不言而喻，要想走得更高、更远，“广作”红木生产工艺者需要在设计技法上不断地创新突破，以传承传统工艺为己任，以发展传统工艺为目标，用最精湛的红木家具生产技术，生产高标准的红木家具作品。

在改革开放的深度发展当中，“广作”红木以硬实力占据重要的市场，将几千年的中华文化力量勾勒于一刀一锉的纹理当中，隐藏在一榫一卯的咬合之间。我们相信，它将乘着“一带一路”的东风，搭着粤港澳大湾区的巨轮，扬帆四海。

扫码观看
纪录片《榫卯间的传承》

第五节 沙湾美味

说起广州美食，总免不了要提起那句“广东人什么都吃”的调侃。但如果要形容“老广”们对美食的热爱，他们更认同的恐怕是另外一句话：“食在广州。”

广州人到底有多爱吃？

大街小巷、茶楼小馆，赫然醒目的美食招牌、似有若无的袅袅香味、让人眼花缭乱的广式菜谱，便足以令人垂涎欲滴、欲罢不能。

“吃货”们要想在广州寻味，沙湾古镇可不能错过。

“吃货”必到之处——沙湾

沙湾，隶属广州市番禺区，在这座拥有800年历史的美食古镇里，隐藏着最传统的粤式小吃，也分布着别具特色的岭南建筑，更有着传承了百年的手工技艺。

沙湾小吃为什么这么多？广府民俗专家屈慎宁认为：“沙湾小吃多，有两方面的原因。一方面，沙湾人有着‘饱暖思文化’的观念，喜欢开展文化活动。另一方面，沙湾百姓在美食上懂得创新创造，比如沙湾奶品的制作，就很有本地特色；牛奶可以被做成很多花样，有姜埋奶、双皮奶，还有奶霜。将牛奶加一点糖，一直煮，煮成霜，吃起来口感就像糕一样，如果挖一勺奶

广东（沙湾）美食欢乐节上，百种特色小吃齐聚沙湾，“吃货”们蜂拥而至

霜，用热水一冲，又会变回牛奶。所以沙湾小吃会特别多样。”

远眺沙湾，青砖灰瓦、镬耳连绵，带着岭南古镇特有的深沉与静谧。然而，深入其中，却是另一番景象——成群的食客，寻寻觅觅，呼朋引伴，吃得不亦乐乎。这，便是今天的沙湾，一个外地“吃货”必到的“网红”打卡点。

在这里，狗仔粥、炸牛奶、鸡蛋卷、鱼皮角、凉拌鱼皮、云吞，各式美味小吃令人应接不暇，但无论你如何选择，来到沙湾一定不能错过的，就是沙湾招牌——姜埋奶。

说起姜埋奶，自然少不了要走进“沙湾奶牛皇后”店里去尝一尝那碗地道的沙湾味道。

人们口中的“沙湾奶牛皇后”，名叫王秀甜，人称“甜姐”。甜姐家的甜品店，位于沙湾古镇的南入口，一座独栋的两层仿古建筑，每天接待着来自各地的寻味游客。

走进店内，几张标志性的广式小圆桌整齐摆放，古香古色的装修风格，仿佛让人回到了几百年前的老沙湾，每一次瓷碗碰撞，都是岁月的悦耳回响。

早在20多年前，“沙湾奶牛皇后”便是名副其实的“网红”店。上过各种电视采访，接待过无数“吃货”。然而名声在外的甜姐，却依然坚守着这方小店，传承着一碗奶香。

“就产品而言，街坊都很认可我们，外地人来沙湾古镇吃我们的东西，也都会赞不绝口，因为我们的出品确实原汁原味，味道很好。”甜姐说，“目前我已经做了几十年甜品，但依旧很有信心和耐心继续做下去。我是由衷地喜欢做，所以才能做得好。”

姜埋奶，是沙湾人首创的甜品小吃，也是享誉全国的广州特色甜点。说起它的起源，老一辈的广府人，张口便能娓娓道来。

屈慎宁说：“以前沙湾有一个很孝顺的媳妇，家婆有些咳嗽，她便准备做姜汁糖水给家婆喝。她先磨了一些姜汁，准备冲入糖水时不慎误将给孩子喝的

各式各样的沙湾小吃

牛奶冲了进去，姜汁与牛奶融合后变成了类似豆腐的形态。由于家境不好，她舍不得倒掉这碗‘豆腐’，觉得反正牛奶和姜水都有营养，就还是端给家婆吃了，不想家婆吃完后，咳嗽竟然好了。”

古老的故事，依旧在沙湾人的心中传递，而今天的姜埋奶，却被赋予了更深层的意义。

“姜撞奶”应该叫“姜埋奶”

在沙湾人的习语中，从来没有“姜撞奶”一说，一定要叫“姜埋奶”，而这也是有原因的。

相传沙湾的四条村有四大姓氏：王、李、黎、何。这四个姓氏的人非常团结，如今在沙湾还能够看到“四姓公禁碑”，强调四个姓氏之人即使不是同一时间在沙湾，也一定要团结。

“埋”是指合并、黏合、包容，有和谐、集聚、团聚的意思。但是“撞”是指碰撞，是摩擦的意思，所以沙湾人不叫“姜撞奶”，叫“姜埋奶”，因此，姜埋奶体现的是一种和谐的文化。

沙湾人爱吃姜埋奶，除了溯源往昔的历史故事，更多的是由岭南地区的气候环境所决定。广州地处亚热带沿海，属于典型的海洋季风气候，夏天闷热，冬天湿冷，而正是因为这样的气候特征，才有了广州人喜爱糖水甜品的习惯。夏天一碗冰凉的绿豆沙落肚，燥热暑气瞬间消散；而在冬天，吃上一碗热乎乎的姜埋奶，驱寒行血，美容养颜，令人心满意足。

“沙湾的姜埋奶又香又滑，有点辣。冬天睡觉前吃一碗，暖洋洋的，能够养胃，所以它确实是一绝。”屈慎宁说。

时代变迁　制作工艺更讲究

随着时代的变迁，各式的美食、工艺源源不断地涌入，但幸运的是，姜埋奶的制作技艺被完整地保留了下来。在今天，沙湾人对姜埋奶的制作方法也融入了更多的本地特色，使其更为讲究、细致了。

在制作姜埋奶前，先挑选大块的老姜，用传统的竹制磨姜板细细研磨成姜蓉，并用纱布将姜汁挤出，放入碗中。另一边，则用热锅将水牛奶烧开，凉至

王秀甜（前）正在制作姜埋奶

70摄氏度到80摄氏度之间，随后再倒入盛有姜汁的碗中。

鲜美的本地水牛奶与浓郁的姜汁融合，静静等候三分钟，一碗带有沙湾特色的姜埋奶便出炉了。

对于姜埋奶的制作，十个人就会有十种不同的做法。有人说一定要用老姜，不能用仔姜，将老姜磨成汁，用一块布分离出姜汁；牛奶要用滴珠牛奶，即浓度高一点的水牛奶，这样会更好。

“一定温度、一定比例下的姜汁和牛奶混合在一起之后，放一只勺子在上面，它是不会沉下去的。”屈慎宁介绍道。

盈盈一小碗，透着香气，一只汤匙轻轻放于奶面，平稳而不下陷，这便是检验姜埋奶成功与否的标准。也许，外人都以为是甜姐三十多年的手艺造就了这一碗碗香甜的姜埋奶，但只有甜姐自己知道，水牛奶才是决胜的关键。

水牛场见证改革巨变

要做一碗正宗的姜埋奶，一定要使用本地的水牛奶。沙湾本地的水牛奶浓度高、奶香味重，滑度和浓度都和一般的牛奶不一样。

屈慎宁曾尝试用外国的花牛奶做姜埋奶，虽然同样可以做出来，但凝固效果不够好，这就和牛奶的浓度有关了。“水牛奶好在哪里？就在于一斤水牛奶有四斤普通牛奶的营养。”屈慎宁说。

水牛奶与人们所熟知的乳用牛产的奶不同。水牛奶产量较低，而营养价值高，乳汁含量高达8%，是老幼皆宜的营养食品，更是两广地区用于制作双皮奶、姜埋奶的重要原料。而苛求品质的甜姐选用的牛奶原料，便来自自家的奶牛场。

说起甜姐的奶牛场，离不开她20世纪80年代艰辛的创业故事。

甜姐起初是计划外出打工谋生，但由于她当时已育有两个儿子，用人单位便因此拒绝聘用她。无奈之下，甜姐想到了养牛。

“我从1986年起开始养牛，当时买一头牛要花3200元，我把全部积蓄拿出来才买了两头牛，一边放牛，一边带小孩，每天能挤一点牛奶就到街市上去卖。然而，当时牛奶并不好卖，我背着儿子，挑上十几斤牛奶，走街串巷，兜完东西南北村才能卖得完。”甜姐深深地感慨着当时的艰辛，“当时因为不会养奶牛，我们只能到处请教别人。听老人家说，得煲凉茶、煮中药给奶牛喝，奶牛才能养得好。于是我们自己扛着锄头上山挖中药，牛犊一生出来，我们就喂它喝中药，就这样一直持续到现在。”

苦心经营的甜姐，终于在2007年实现了事业的飞跃。“那年起政府支持我们大力发展水牛产业，建起了一座规范化的水牛场给我们养牛，这对我们来说是很大的推动，目前我们一共饲养着200多头牛。”甜姐说。

30余年飞逝而过，社会发生了巨大的变化，不仅见证着甜姐一家生活水平的飞速提升，也记录着改革开放初期番禺人敢为人先、敢于拼搏的勇气与毅力。

甜姐的“沙湾奶牛皇后”店，是改革开放的缩影，更承载了她个人坚强不屈的奋斗故事。如今的水牛场，不仅成为甜姐家制作所有甜品小吃的重要原料来源，也成就了甜姐名副其实的“奶牛皇后”称号，而更让甜姐开心的是，养奶牛的经历让她成为新农村妇女创业的典型榜样。

美味来自内心最深的向往

如今，坐落在沙湾大巷涌清水井侧的“沙湾奶牛皇后”店依旧门庭若市，每天都有慕名而来的游客光顾小店，而甜姐依旧带着对美食的敬意以及对沙湾割舍不断的情谊，认真做着自己的本职工作。

幸运的是，现在甜姐不再是一个人忙碌，两个辛苦拉扯大的儿子已经成为最得力的助手——大儿子管理着奶牛场，小儿子则继承她的手艺，在店里帮忙。甚至于自己的侄子，也跟随着她将沙湾美食传承下去。

甜姐现在每天忙碌于后厨，偶尔也会到大厅里招呼客人。面对这样的生意图景，她感到十分欣慰。

在政府的政策支持下，她还带动本村更多的妇女一起创业。

“我买了很多头水牛，希望将产业发展得更壮大，同时带动乡村妇女就业。”对于奶牛应该怎么养，甜姐都会毫无保留地教给她们，“政府对我们如此支持，我们也要回馈社会，带动大家一起富裕，这让我觉得自己做的事情很有价值。”

每天早上四点钟甜姐就会起床，到奶牛场搞好卫生，之后就开始挤奶。因为牛吃硬草会比较快下奶，所以她一般会一边给牛喂草，一边挤奶；挤好奶之后，再打扫卫生。甜姐总说，只有牛场保持得干净，挤出来的牛奶才会干净。

“沙湾古镇比我们刚进来的时候好了很多，村民的素质高了，人流量也多了，我觉得沙湾古镇还是有很大发展潜力的。”甜姐说。

甜姐清楚地知道，自己的甜品店要想走得长远，不仅需要持续不断的手艺传承，还需要创新和变革。如何在日新月异的时代里，赋予传统美食更多责任和意义，让沙湾古镇成为广式甜点的重要符号，不仅是古镇村民要思考的问题，也是他们需要努力的方向。

甜姐说：“从整个沙湾古镇范围来看，姜埋奶店面很多，如果一定要去比较，各家的出品肯定还是有优有劣的，但我由衷地希望大家能够一起进步。只有古镇甜品店整体的制作水平、服务质量都提高了，才能对沙湾的发展作出最好的支持。”

一种味道，就是一份记忆。一声呼唤，便是一次相逢。

一声声“甜姐”，叫得亲密熟稔，他们奔着一碗甜姐手制的姜埋奶而来，为着一份广式匠心而来。他们仿佛是相识已久的老朋友，一声呼唤、一碗美味，便能慰藉所有。

扫码观看
纪录片《寻味沙湾》

第二章 舞艺

第一节　番禺龙狮

有着一千多年历史的龙狮表演，集武术、舞蹈、音乐、技巧于一体，是番禺人最喜爱的传统活动之一。每逢佳节总能在这里看到龙狮伴随着人群欢舞，或憨态可掬，或活灵活现，广受赞誉。

龙狮文化不仅是历史传统，同时也是非物质文化遗产。这项集武术、舞蹈、音乐、技艺于一体的传统民间文体活动，需要表演者运用各种高难度的技巧和独特的武功，才能展现龙狮的精气神韵。

滔叔和他的龙狮

中国南狮起源于明朝初年的南番顺一带。在明末清初，钟村的宗族祠堂建筑中已有了狮子的形象。在那个时候，钟村“民田区”的村子一般都有多座宗族祠堂，每一个姓氏的祠堂都有自己的醒狮队。

据《钟村乡土文化溯源》介绍，在明末清初时期，钟村各个宗族祠堂的醒狮队主要用于祭祖、节日团拜等民间活动，这为钟村岭南龙狮文化的发展奠定了基础。钟村镇下辖的钟一、钟二等多个村子民情风俗古朴传统，在每年农历正月十八的“钟村出

钟村有“中国龙狮文化之乡”的美誉

会”、八月十三的“谢村方帅诞”以及五月初五的“端午扒龙船”等活动中，舞龙舞狮的情景都会热闹非凡。

“番禺人特别喜欢舞龙舞狮，每逢过年过节、民俗诞会、迎春集会等，那是一定要敲锣打鼓找龙狮来助庆的。”钟村龙狮武术协会秘书长陈礼滔（人称“滔叔”）介绍道。

在这种“村村有狮，时时常舞”的氛围下长大的陈礼滔，自幼就对舞狮有浓厚兴趣。他五六岁的时候，每晚到村里的祠堂看大人舞狮子，有时也跟着有模有样地学几下。儿时的龙狮情结，成了他日后以舞龙舞狮为职业的缘起。2001年至2004年期间，陈礼滔先后参与组建了自己小区以及钟四村（重组）的醒狮队。在村委以及热心人士支持下，他购来一条竞赛龙（九节布龙）进行演练，没想到竟将第一条“中华金龙”舞进了钟四村府大院，继而舞出钟村，舞出广东。

据说，因为“中华金龙”的名气日盛，人们由此创作了一套国际高桩。演练高桩狮艺，就是在长10米多，高3米的桩阵上，完成腾、挪、闪、扑、回旋、飞跃等高难度动作，演绎出狮子的喜、怒、哀、乐、动、静、惊、疑八态，来表现狮子的威猛与刚劲。

2005年，在滔叔的提议下，钟村镇龙狮武术协会成立。这个整合了各村狮队成员和爱好者的协会，在随后的“四个文明”活动中大显身手。在2006年全年，“三讲一送”特色宣传活动中就有送舞龙舞狮下乡，每周末晚上在各村巡回演出，有时候一场观众多达5000余人。2009年5月26日，钟村镇被广东省民间文艺家协会命名为“广东省龙狮文化之乡”，同年12月又添佳绩，升格为中国首个“中国龙狮文化之乡”。

尽管过了这么多年，每当讲起2009年5月26日那个晚上，滔叔依旧脸带宛如昨日发生的激动与自豪。“中国龙狮文化之乡”评选当晚，在两盏大灯照射下，谢村襟湖李公祠大门徐徐打开，两束烟火冉冉绽放，倏忽锣鼓声喧天雷鸣，两条彩色巨龙在舞龙者的带动下，从祠堂腾空而起，冲出门外。只见地上巨龙翻腾，天空祥龙舞动。来自各村的5支龙狮队，在专家组和3000多名群众面前，展演了《冲上云霄夺彩虹》《龙腾四海耀中华》等节目，表演精湛，富有岭南特色，现场龙腾狮跃，好不热闹……

之后，在钟村龙狮大事记里，还记录着钟村举办了2009年广东省“钟村

2009年，钟村龙狮在人民大会堂演出

杯”传统龙狮、麒麟锦标赛，夺得6枚金牌；钟村龙狮队受邀到北京人民大会堂参演中国文联“百花迎春”晚会，表演的《虎啸神州》被誉为国际水准；钟村龙狮队受邀前往法国尼斯参加世界文化艺术节嘉年华活动，深受欢迎。留下了许多值得钟村人铭记的事件。

番禺沙湾的竞技龙狮

龙狮表演分两种，一种是传统龙狮表演，另一种是竞技龙狮表演。传统龙狮表演以套路表演为主，而竞技龙狮表演以技巧表演为主。广东竞技龙狮起源于南海，流行于华南以及南洋等海外地区。除了钟村这样的龙狮之乡外，沙湾龙狮也是一支亮眼的队伍。

明清时期，沙湾地区饱受海盗侵扰，为了保卫村庄，与海盗抗衡，村民们加紧强身练武，龙狮作为助兴节目也渐趋流行。如今，沙湾镇内大部分村子都有自己的龙狮队，其中以沙坑村的龙狮活动开展得最活跃、最有特色、最有影响力。

一头醒狮由狮头、狮尾两部分组成，狮形具有典型的南方风格，狮子造型夸张浪漫，颜色靓丽，讲究神韵。在舞狮人的舞动下，狮子的勇猛刚烈、温驯和善、憨厚可爱等各种形态皆惟妙惟肖。舞狮人在原有南派醒狮技艺的基础上，吸收并融入北派舞狮的技艺，将高桩醒狮、民间武术“梅花桩”与南派醒狮的套路巧妙地融合，通过舞狮的轻、重、缓、急以及狮子的表情变化和动态，再配合重新加以整理的鼓、锣、钹的明快节奏，在桩阵上表现出狮子的喜、怒、哀、乐、动、静、惊、疑等各种姿态，更汇入腾、挪、闪、扑、回旋、飞跃等高难度动作，刚柔相济，形成别具一格的沙湾醒狮。

1997年，沙坑村成立沙坑龙狮团，在村民中大兴练狮习武之风，并深入学校培养青少年练习舞狮，取得了显著的成效。而龙狮这一传统文化能够在沙坑盛行，最重要的一个原因就是他们把舞狮演绎得活灵活现。

广东省级醒狮代表性传承人周镇隆介绍道：“沙坑龙狮已经有300多年历史了。大多数舞狮人是学过武艺的，以洪拳为主，马步很稳。在高桩上腾挪跳跃等，都是沙坑龙狮的绝技。狮子舞起来还要有喜怒哀乐等情绪的表现，就像真的狮子一样。”

1997年，沙湾实验小学第一批学艺子弟周伟强等赴法国巴黎参加国际雄狮争霸赛，摘得冠军，沙湾龙狮团从此名声大振。如今回忆起当时获奖的情形，周伟强还非常激动，在他看来，那不仅仅是一份荣誉，更重要的是让世界关注到了中国龙狮文化的发展。

“当时有比利时、荷兰等多个国家的狮队和我们竞争，结果我们以绝对的实力打败他们，全场裁判都给到9.5分以上。当五星红旗升起时，我的眼泪都流下来了。”周伟强说。

龙狮文化进校园

龙狮表演是一种需要团队合作精神的运动，以醒狮为例，一人负责头部及前足，一人负责身体及尾部，只要配合稍有不默契，将前功尽弃。正所谓“台上一分钟，台下十年功”。

近年来，番禺龙狮不仅保留优秀传统精髓，也一直在追求创新发展。舞狮人在熟练掌握传统醒狮技艺的基础上，结合武术与舞蹈创新，动静结合，逼真地演绎出各种栩栩如生的姿态，并能够表现狮子雄壮威武、豪放粗犷、顽皮活泼、谨慎以及多疑的习性。他们用翻腾跳跃等动作展示南国醒狮刚劲、矫健、勇猛、威武的精气神韵，给古老的民间艺术醒狮舞赋予新的内涵。

如今龙狮文化已经成为番禺人的一张文化名片，舞狮人以龙狮为骄傲，更把传承龙狮文化当作自己的责任。在番禺，不仅有许多像沙湾龙狮团这样专业的团队为观众带来表演，还有很多来自钟村、沙坑的传统龙狮表演队伍，将龙狮文化带进中小学里，带领孩子们学习龙狮文化知识，让更多的青少年在龙狮的跳跃、翻腾中感受传统文化的魅力与内涵。

“练武人、龙狮人都有一种大义的情怀，有一种担当有为的精神，我们希望也能将这种精神传递给每一位学生。”沙湾实验小学校长冯炎坤介绍道。

作为“中国龙狮之乡”的孩子，如何传承这种优秀的传统文化？沙湾实验小学在学校的各种大小型活动都渗入了舞狮舞龙的文化。每一年的开学典礼，必有龙狮点睛仪式，通过仪式向学生传递着龙狮文化的精粹。近几年来，学校还编写了舞龙舞狮校本教材，通过教材让传统文化走得更远。

依托番禺积淀下来的深厚的龙狮文化，各镇的中小学校不断探索，积极运用自身的资源和力量，提炼龙狮文化的精髓，也为龙狮文化的传播带来新的希望。

作为番禺龙狮的新生力量，番禺钟村中心小学通过几年的努力和付出，终

龙狮文化走进校园，向年轻一代展示传统文化的魅力

于取得了引人瞩目的成绩。2010年1月，学校“小老虎队”应邀参加在北京人民大会堂举行的“百花迎春中国文学艺术界2010春节大联欢”表演，精彩的亮相、精湛的技艺，赢得了现场观众的一致好评；同年，这支学生队伍还参加了广东省2010年春节晚会表演、广州2010年亚洲运动会开幕式系列活动巡演和亚运城文艺展演，更是打响了龙狮文化特色品牌。

从过去到现在，年轻人都担负着传承龙狮文化的责任，高举狮头，抖动狮身，团结协作，向上向善，顽强拼搏，勇攀高峰，继续向前。龙狮文化早已成为番禺人不可或缺的一部分。每一个重大时刻，龙狮总以它昂首的姿态出现在人们的视线中，或舞蹈，或翻腾，将人们聚集在一起，带给人们无限的欢乐，也向世界观众传播着番禺独特的龙狮文化。

扫码观看
纪录片《龙狮》

第二节 独占鳌头

高鼻虾眼、大嘴利齿，这个身披彩鳞的神兽，有着龙首鱼尾的造型，它剧烈地扭动着身躯，灵活的大嘴一张一合，仿佛儿童般纯真，它便是沙涌世代信奉的吉祥物——鳌鱼。

灵鳌世泽，对沙涌人来说，鳌鱼世代相伴，它是村中的保护神，也是他们平淡生活中的一抹亮色。村人相信，鳌鱼是吉祥物，舞了鳌鱼，来年必定风调雨顺，丁财两旺，出入平安。

舞动

关于鳌鱼舞有一个动人的传说：有一日，一个书生要上京赴考。因为他英俊潇洒、气宇不凡，在途经女儿国时被女妖追逐，被一直追到了海崖边。书生走投无路，只得跳入大海，两条鳌鱼见到之后，迅速将书生救起。书生获救以后，在京城高中状元，成了天上的文曲星。文曲星状元为了答谢这两条鳌鱼的救命之恩，重临大海，为这两条鳌鱼簪花挂红。最后，这两条鳌鱼被点化成仙。

此外，还有另一段传说：相传鳌鱼是远古神话中的动物，鲤鱼偷吃了海龙王的龙珠，才变成了龙头鱼身的鳌鱼。

鳌鱼与状元的故事在位于今天白云区棠景一带的沙涌流传百年，古老的传说与老百姓的想象，碰撞出灵感的火光，融汇成力与美的鳌鱼舞。

幸泽权是沙涌鳌鱼队的成员，入行40多年，一辈子与鳌鱼结下了不解之缘，舞鳌鱼、扎鳌鱼等技艺样样精通。

“鳌鱼看起来可爱，但真舞起来，却是一件非常辛苦的事，拼的都是腰力，扎马步扎到疼。”幸泽权介绍道，“我们常会研究鱼游泳的动作，左右摇摆就是在表现鳌鱼游水，慢慢走就是展现鳌鱼在游步，在展现公鱼追逐时就要威猛一点，追鱼乸（母鱼）则要往前大跨步——一碰，一反转，转个圈落下个马步——这个动作需要练习很久，初学者很容易摔倒。”

鳌鱼舞的舞步，灵感来源于鱼的动作，舞者以双臂挥舞鱼身，

幸泽良向孩子们讲解鳌鱼制作技艺

俯身做出各种动作，如嬉戏、吃草、交配、跳龙门等。鳌鱼舞的舞蹈动作虽然不复杂，但变化多端，要求表演者臂力足、马步稳，才能舞出鳌鱼的灵动与霸气。

变身

沙涌鳌鱼舞省级“非遗”代表性传承人江炳贤回忆：1984年，自己和制作组扎了两条鳌鱼，每条都有四五十斤重，舞不到10分钟，表演者就大汗淋漓了。为什么那么重呢？因为鳌鱼的扎制用到猪料，即将猪血拿回来开灰后盖在鳌鱼上，所以就比较重。

由于年轻人舞都觉得重，鳌鱼后来也被改良，变为用乳胶和薄砂纸进行制作，改良后一条鳌鱼减轻到约21斤。

扎鳌鱼，最讲究神韵，沙涌的鳌鱼，身肥尾翘，用当下的话来说就是“萌萌哒”。如何突出鳌鱼的神韵，这最考验师傅的手艺。

幸泽权教徒弟扎鳌鱼时一直强调：尺寸要准，要对直。

以竹篾扎框，以纸覆面，扎鳌鱼工序繁复琐碎，对尺寸尤其讲究，熟手的鳌鱼师傅，往往把每一条竹篾的尺寸都熟记于心，尽管这样，也要做上10天才能把框架扎出来。

框架完成后，鳌鱼便会迎来一场华丽的变身。

石碁文化站原站长张珠画鳌鱼有40年了。“1980年，沙涌村叫我去画鳌鱼，当时他们拿出一幅旧图纸、两条旧鳌鱼。我看到鳌鱼有两种颜色，一条是金色，一条是银色，如此，一雌一雄就可以分辨了。”张珠据此开始重新构思，他认为农村和民间的艺术一定要有神话色彩，所以决定使用较浓重的颜色，“公鳌鱼是葵扇尾巴，母鳌鱼则是芙蓉尾巴，民间一般认为红的东西比较热烈，所以我决定用暖色调来展现公鳌鱼，并勾上金线，母鳌鱼则勾银线。”

色彩赋予了鳌鱼舞的独特魅力，如水般的蓝，如火般的红，一柔一刚，当它们汇聚融合，以色彩构成的阵容，仿佛万花筒般，变幻出奇妙的光彩。

寓意

今天的鳌鱼舞色彩斑斓，故事情节丰富，而最早期的鳌鱼舞，远没有今天的绚烂夺目。中华人民共和国成立前，沙涌鳌鱼舞演绎的内容，是中国民间广泛流传的魁星“独占鳌头”的传说。

远近闻名的沙涌村鳌鱼舞

魁星乃传说中的文运之神，手执一笔，谁被此笔点中，便可高中功名。至今民间依然保留着拜魁星、求文运的传统。

幸泽权说：“小时候，村里的小朋友都有插魁星的传统，用葱绑着笔插进去再拿回来，据说以后读书会更聪明。”

有意思的是，中华人民共和国成立前的鳌鱼舞中的主角为魁星。为了美化舞台效果，如今人们将相貌丑陋的魁星换成相貌堂堂的状元，无论是魁星还是状元，鳌鱼舞的重头戏依然是“独占鳌头”，“独占鳌头”寓意高中状元，这暗藏着老百姓对考取功名的渴望。

沙涌村村民阿海出演状元有十年了，因为长得高大俊俏，他成了最受欢迎的“状元”。

在鳌鱼舞中，状元是最受瞩目的主角，为什么状元在鳌鱼舞中地位如此之高呢？还要从沙涌村的历史说起。

追溯沙涌江氏宗族源流，明亡后，九屯从军户落籍为民，有识之士感觉无学识终受淘汰，遂兴教助学。因此拜魁星、舞鳌鱼，其实都是宗族在强化兴教化、重功名的理念。

传承

经过六百多年的浸润，鳌鱼舞早已扎根在番禺河网交错的土地上。它是凝聚乡情的一个符号，也是一个时代的印记。

近年，沙湾古镇举办北帝诞民间艺术巡游，在传统的民间活动中，总能看见沙涌鳌鱼绚烂的舞姿。在过去，沙涌长期保持着每九年举行一届“鳌鱼会”的传统，场面壮观。鳌鱼一舞，在外面打工的村民也都会回来看，又是一次汇聚乡情的时刻。与其说老百姓喜欢鳌鱼舞本身，不如说喜欢的是舞鳌鱼时的喜庆氛围和那一份浓浓的人情味。

太阳底下，鳞光闪耀，由沙涌小学鳌鱼队演绎的新版本鳌鱼舞，轻快地向我们奔来，一群稚嫩的小“鳌鱼”踩着轻盈的步伐，摆动鱼身，洋溢着青春的气息。他们仿佛大海中勇敢无畏的前行者，他们用这样的方式来跟随前人的步伐，传承有关鳌鱼的记忆。

每一版的鳌鱼舞，都带着时代的记忆与故事，中华人民共和国成立前的版本，简单纯朴；20世纪80年代的版本，情节丰富；2000年后的版本，融入更多艺术的手法。

时代在变，老百姓的生活在变，鳌鱼舞也一直在变，不变的是人们对美好生活的向往。

扫码观看
纪录片《鱼舞世泽》

第三章 乡韵

第一节　沙湾音乐

扬琴、琵琶、古筝等几种传统乐器合奏，产生出奇妙的化学反应，时而恢宏激昂，时而婉转悠扬，一张一弛，令人仿佛置身于赛龙舟现场，跟运动员一起划桨竞渡……

这首恢宏大气的乐曲便是名扬天下的广东音乐名曲——《赛龙夺锦》，曾经出现在多部影视作品中，在广东音乐史上占据着重要的位置，可是鲜少有人知道，这首经典之作就诞生于广州市番禺区沙湾镇。

沙湾，一直以来都以“广东音乐之乡”而著称。

走进沙湾纵横交错的街巷，随处可见明、清、民国时期的古建筑，街头巷尾，时不时传来几声委婉柔和的乐曲声，邻里街坊互组私伙局开唱。沙湾人的骨子里似乎天生流淌着音乐的血液。

“何氏三杰”佳作迭出

广东音乐的种子最早就是从沙湾这片土地上萌芽成长起来的，这离不开三个姓何的人：何柳堂、何与年、何少霞。

广州市音乐家协会副主席陈芳毅说，“广东音乐”其实不是广东省音乐的全部，广东省的音乐现在有很多，客家语系地区流行“广东汉乐”，潮汕地区则有“潮乐”，而“广东音乐”泛指粤语地区，譬如珠三角、香港、广州，甚至是粤西地区的音乐。沙湾是广东音乐的发源地，对广东音乐的贡献是很大的。

“何氏三杰”（从左至右依次为何柳堂、何与年、何少霞）

文化学者、番禺民俗顾问梁谋介绍：“沙湾‘三何’在广东音乐界可以说是无人不识无人不晓的人物，所以被称为广东音乐‘何氏三杰’。”

20世纪80至90年代，梁谋深入沙湾民间，做了大量的采访调查，最先发掘出“何氏三杰”的事迹。

被尊称为广东音乐祖师的何柳堂，生于1874年，是广东音乐典雅派的开创者，他创作了许多脍炙人口的乐曲，如《七星伴月》《鸟惊喧》等，曲调优美，意境幽深。然而令人意想不到的是，何柳堂是个自幼习武的武秀才。

“何柳堂本来是武秀才，他不仅音乐了得，武术也非常了得。他考武秀才时，有一个项目叫跑马射箭，他三箭都射中了红心。”梁谋说。

武功过人的何柳堂，从小生长在沙湾著名的音乐世家，祖父是清末著名的琵琶演奏家何博众。何柳堂年幼时便展现出过人的音乐天赋，更被祖父挑选为“十指琵琶”的隔代继承人。

何柳堂继承了祖父何博众的“十指琵琶”，并从其口授中接过原创曲目《龙舟竞渡》，希望通过整理修改加以提高，却怎么都不满意。于是他找来了自己的堂弟何与年、表侄何少霞一起讨论。当时“三何”就经常聚在三稔厅演奏、研讨、创作音乐。

经过三人反复雕琢，四易其稿，《龙舟竞渡》更名为《赛龙夺锦》，最终成为经典之作。

2006年12月9日，由番禺区广播电视台创意策划的百村村民合奏广东音乐名曲《赛龙夺锦》

沙湾的三稔厅因何博众在里面种植了三稔树而得名。晚清至民国时，三稔厅成为广东音乐界、曲艺界精英荟萃之地，大量广东音乐名曲如《雨打芭蕉》《饿马摇铃》等，就是在这段时间面世的。“三稔厅在那时，实际上成了一个对外交流的音乐俱乐部。”梁谋说。

不落俗套　源于富裕与闲适

“何氏三杰”的作品多取材于大自然和山水诗歌，他们还有另一首名曲——《雨打芭蕉》。

很多音乐名家评价，沙湾广东音乐的意境很美，《雨打芭蕉》就是典型代表，这首曲子描绘了一场雨景，让人仿佛就能听到雨水落到芭蕉上的声音。

“何氏三杰”的作品处处显雅，不落俗套，为什么说沙湾音乐具有这种雅气？这与“何氏三杰”的经济地位和悠闲舒适的生活是分不开的。

梁谋介绍，从宋代开始，沙湾留耕堂的始祖是何德明，何德明的儿子何起龙当时是进士，后来官至太常寺正卿，这个职位掌管朝廷的礼制和音乐，这些都是有史料记载的。由于何氏祖先何起龙曾是朝廷要官，主管礼乐，因此何氏祖祖辈辈皆奉行礼乐传家的传统。

“广东音乐能在沙湾发展，大抵也与沙湾是个富裕的鱼米之乡有关。沙湾人有钱，不愁吃穿；有闲，但又不沉迷吃喝玩乐；喜读书，喜钻研艺术，音乐是一种很好的抒发情感的方式；有功名，但又不做官，不为名不为利，因此沙湾音乐意境很高。”梁谋说。

粮食，造就了何氏家族的音乐文化；音乐，成为何氏家族的精神食粮。正是如此，何氏才能出现三位广东音乐名家，留下如此多高雅的音乐作品。

辉煌难续　传承迫在眉睫

20世纪20至30年代，是“何氏三杰”最为辉煌的时候，也是广东音乐最活跃的时期。新月唱片公司更邀请三人到上海灌录唱片，“何氏三杰”成为广东乐坛闪烁夺目的人物。何氏广东音乐比如《赛龙夺锦》，唱片被推销到全世界，世界上凡是有华人的地方就会有广东音乐。在那个年代，以何柳堂为首的“何氏三杰”培养了一大班广东音乐人。

然而，随着国内抗战爆发，政治局面动荡，“何氏三杰”的命运有了急剧的转向。何少霞早年曾留学日本。抗战期间，日本早稻田大学读书的一位同学对他说：“你这么有才华，不用在这里教书，不如去省城工作。”当得知这份工作是为敌伪政府服务，何少霞宁愿饿死都不肯赴任。

1942年，不足50岁的何少霞便英年早逝。何柳堂和何与年也分别于1933年、1962年去世。“何氏三杰”先后离世，社会的大环境也改变了，音乐的发展重心转移到上海和香港，沙湾逐渐衰落，后经历“文革”时期的冲击，沙湾音乐文化出现严重的断层。

“何氏三杰”引领沙湾音乐走向辉煌，但随后的一段时间，沙湾音乐一度走入低谷。

育人如栽树　任重而道远

何滋浦，沙湾何氏广东音乐市级代表性传承人，地道的沙湾人。他酷爱广东音乐，从小便与沙湾音乐结下了不解之缘，之后在番禺区文化馆任职，也是从事戏曲文化工作。

在沙湾三稔厅，何滋浦边指挥边跟学生讲解《赛龙夺锦》的内容与乐章的联系：“《赛龙夺锦》大气至极，在我心目中没有音乐能超过它，那种大气、那种细致、那种变化、那种转换是很奇特的。”

沙湾音乐如何传承的问题，始终是他心里放不下的牵挂。自1998年开始，何滋浦每周会到育才小学民乐社教授民乐课，一周3次，风雨不改，至今已经超过20年。他曾多次创作音乐，但他时常感觉到困惑：“何柳堂等老一辈人的离去，把创作音乐的方法也带走了。为了寻找创作广东音乐的方法，我花了20多年，目前来看，传承沙湾音乐的难点依然是创作。”

在育才小学教授民乐多年的他，在2013年发起并成立了广东音乐研习社，将以前来自育才小学民乐队的学生组织起来，从事音乐的传承活动。

研习社的成员都来自育才小学民乐队，他们当中有的已经毕业、走上工作岗位，有的已经成家生子。在何滋浦的引领下，每周五，他们都会聚集在三稔厅，组音乐私伙局，迄今已有7年。

研习社成员何智荣是一名软件工程师，说起加入的缘由，他笑道：“放寒假时，回到小学探望校长，刚好就碰到何滋浦老师，就被拉进来了。”

在三稔厅上演的民乐表演

研习社成员何家俊是一名机械工程设计员：“何滋浦老师组建沙湾广东音乐研习社时，我们都觉得挺好的，也都很赞同。”

研习社成员何凯盈是一名老师：“何滋浦老师对音乐有一种执着的追求，一直保持着很热情的态度，正是他的态度感染了我，让我决定加入广东音乐研习社跟他学习。”

这三位何姓的年轻人，都是地道的沙湾人，他们都是从小学民乐队就开始接触“何氏三杰”的音乐作品，毕业后他们虽走上了不同的岗位，但他们都将传承沙湾广东音乐当成自己的责任，每年在沙湾进行多场义演。他们在传承沙湾音乐，沙湾音乐也在影响着他们的人生。

正是小时候在民乐队学习广东音乐的经历，引领何凯盈走上了专业的音乐道路。何凯盈说：“高中之所以选择音乐，考进广州大学音乐舞蹈学院，也正是由于小时候学习民乐的这段经历，因为自己是学习师范类的，所以毕业了想考回育才小学担任音乐老师。”

系统学习了音乐知识后的何凯盈，选择回到母校沙湾西村育才小学担任音乐老师，接棒年迈的何滋浦，现在是民乐队的音乐指导老师。

年轻的沙湾音乐人说，三稔厅是一个非常神圣的地方，每一次进去练习都是带着敬畏的心。当乐曲声再次响起，时光仿佛回到了100年前，当年“何氏三杰”就在这里创作出一首又一首传世之作。

2020年是育才小学民乐社成立20周年，广东音乐研习社的成员大都是从育才小学民乐社走出来的。时隔20年，各个成员相约回到育才小学民乐社，老中青三代齐聚一堂，畅谈起各自的音乐之路。

何家俊说，学习民乐一开始是因为兴趣，跟了老师那么多年，兴趣慢慢地变成了责任。

何凯盈说，最重要的还是真喜欢，才会愿意去做这件事情，才会愿意坚持去做这件事情，希望能跟着老师的脚步，一点一点去继承广东音乐，不再让它出现断层。

何滋浦以及广东音乐研习社、育才小学民乐社的老中青三代人以乐会友，迸发出不一样的火花。20年前，何滋浦在这群孩子心里播下一颗音乐的种子，今天这颗种子已茁壮成长，而他们又将在下一代人心里继续播种灌溉，一代接着一代，传承创新。

何滋浦说，沙湾音乐就像一株榕树。

榕树有很多柔弱的气根，飘忽在空中，但当气根落到地面上的时候，就会迅速长高、长大，能够将这棵榕树撑起来。

沙湾音乐也是柔弱的，因此要用心培养下一代。让年轻人长大之后，也可以撑得起沙湾的音乐。

在相关部门的扶持下，优美的广东音乐走进了沙湾多所学校，民间涌现了如青萝乐坊等许多优秀的乐团，他们将引领沙湾广东音乐走出沙湾、走出番禺。

沙湾人崇德广业、奖教兴学，使广东音乐在这方沃土生根发芽、开枝散叶。“何氏三杰”开创了沙湾音乐的新局面，新一代的沙湾人将继续坚守沙湾音乐的灵魂，赋予沙湾音乐新的生命力，使沙湾音乐之树枝繁叶茂。

扫码观看
纪录片《沙湾　广东音乐的前世今生》

第二节　咸水歌艺

阿妹嘞
咸水歌
轻轻唱
咸水歌声悠扬
清早唱歌摇桨橹
月下唱歌织网忙

阿妹嘞
咸水歌
轻轻唱喽
咸水歌声悠扬
阿哥喜见鱼触网

一条艇，两代人，三餐勤俭，四季轮回。水上人家生活凄苦，以船为家，但常有歌声相伴，悠扬婉转的咸水歌，这是珠江口最朴素的烟火气。

咸水歌是渔民操广州方言演唱的一种渔歌，又称“白话渔歌”“咸水叹”“叹哥兄”“叹姑妹”“白话渔歌”。几百年间，被称为“疍家人”的水上居民用咸水歌唱出心中悲喜。“旷水辽阔中浮家泛宅，浪疾风高间放声咏唱”，咸水歌正是水上居民在珠江流域的生活写照。

咸水歌尽显岭南沙田水乡特色

“咸水说”来源

咸水歌是水上人家的歌谣，关于咸水歌名字的来历，一般有两种说法：一种认为这与疍民生活的地域有关，珠江三角洲濒临南海，而咸水所到之处，均是疍民散布之地，咸水歌由此而得名；或认为疍民长期同大海的咸水打交道，所以他们传唱的歌被称为“咸水歌”。另一种认为咸水歌之名并不是源于疍民生活的地域近海，而是由于歌词与男女私情有关……因为水上人家所唱的歌以情歌为主，所以叫作“咸水歌”。

两种说法切入皆有其道理。番禺位于珠江三角洲，珠江三角洲是典型的河口冲积平原，在其形成过程中，陆地与海洋的交界一直在发生变化。

由于海陆变迁，咸水歌流传地区的水早已不“咸”，但当地对所唱歌谣却仍称“咸水歌”，某地区地理环境对当地文化的影响由此可见一斑。

番禺咸水歌的诞生，至少可以追溯到600年之前。

明初汪广洋在《斗南楼诗二首》中道：“碧树藏蛮逻，清歌发蜑舟。”说的就是咸水歌当年已在番禺地区流传。

《广东新语·诗语》中记载：“疍人亦喜唱歌，婚夕两舟相合，男歌胜则牵女衣过舟也。”可见咸水歌早在明末清初就很流行。

不过咸水歌的研究者认为，广州有2000多年建城历史，未有广州先有珠江，有珠江就有船艇，有船艇就有疍民，咸水歌应该是与珠江疍民共生长的。只不过，因为疍家人不识字，所以并没有留下咸水歌的文字记载。

调子不高却具有生活实感

“好啊咧，我们珠江捕咧鱼，你们经常咧成百担咧就好平常啊咧”“一江鱼虾咧，一网收啊啰”……咸水歌所唱诵的，其实是疍民日常生活的对话和他们的心中所想，主要特色就是每一句歌词的末尾都有衬词、衬腔，例如“咧”“啰”“啊”等，都是咸水歌的衬词。

相比起客家山歌等，咸水歌的音乐元素并不太丰富，唱出来的调子不高亢。“疍民们乘着小艇，隔着十几米对唱，歌声如泣如诉，和谈话的声调差不多，有着‘勒啊啰啊勒’之类的唱词。这些就是咸水歌特有的味道，其他的歌曲是没有的。”咸水歌歌唱家刘国禾说。

咸水歌词作者邓富强说："为什么咸水歌曲调不像山歌那么高亢？因为它是在水里面生长出来的东西，有一种'柔性'，这种'柔性'，就是咸水歌的灵魂。"

咸水歌歌词直白大胆，歌者一问一答，内容生动质朴，男女青年互相试探时会选择用咸水歌传情达意。正因咸水歌淳朴简单，具有生活的真实感，所以更具生命力，无论男女老少都喜欢唱歌。触景生情，随编随唱，是这些亦渔亦农的百姓口耳相传的口头文化。

水上人家，以歌言志

"妹好呀嘞，手里抱娃……"王焕蓉是一位来自番禺区石楼镇的咸水歌歌手，平日她总时不时地唱起歌来。王焕蓉说，她的咸水歌是舅父教的，自己从原番禺区的东涌镇嫁到莲花山，从20世纪50年代开始一直唱到现在，心情好时唱，心情不好时也唱，男女对唱也唱，心中想到什么就唱什么，走到哪里唱到哪里。

咸水歌深受渔民喜爱，大概也是由于这种"以歌言志"的特点。百年间，在珠江岸边，在码头艇间，在疍家人灶台上，咸水歌就这样扎根，唱尽了渔家

1977年，市桥河上以艇为家的水上居民（又称"疍家人"）的孩子在小艇上留影

人的悲欢离合。

世世水为乡，年年艇作家。在过去，水上人家被视为“不谙文字，不记岁年”的蛮民，饱受歧视，不得随意上岸，更不能与岸上人家通婚。在风浪之中讨食的疍家人，生命如同蛋壳一般脆弱，故而咸水歌最初是疍家人为了抒发生活的孤寂和苦闷随口而唱的。

后来，这种口头文化经过传承和发展，成为疍家人一种重要的精神生活载体，疍民无论是婚丧嫁娶、互诉衷肠，或是唱山唱水、唱花唱月，都以咸水歌作为一个重要载体。咸水歌已深深融进疍家人的血液中，成为疍民一个特有的文化符号。

每一首流传下来的咸水歌都是一段故事，水上人家的生活图景便如画布一般徐徐展开。像任何一个热爱唱歌的族群一样，大家把喜怒哀乐都唱透了，从摇篮唱到生命的尽头，在织网绞缆时唱，在洞房花烛时唱，在生离死别时唱。水上人家像《诗经》里那些“以歌言志”的乡野草民一样，教劝、诉情、自叹、痛斥，“兴观群怨”样样都来，得意时唱“金银满仓歌满船”，失意时叹“苦歌何日唱得完”，男女老少唱着《水路歌》划船在海上闯荡。

一路漂泊一路唱，前途未卜，万般险阻都压不住唱歌的心。

随着时代的发展，咸水歌也在发生变化。中华人民共和国成立之后，广州水上居民开始由政府统一规划，迁居岸上，昔日宛似大海、流云一般扯帆逐浪、万艇“耕海”的景象不复存在。广州市政府拨款修建居民住宅，解决转业就业问题，水上人家江上漂泊的日子到此结束，古老的珠江艇舟村也从此成为历史，珠三角地区超过70%的疍民已经过上了陆上新生活。

咸水歌歌唱家刘国禾说：“在过去，许多疍家人因为在水上漂泊，生活很苦，所以会通过咸水歌声倾诉自己内心的愁苦；但到了新时代，到处都是喜事，所以我们在演唱的时候，会把自己的情绪灌注进去，去讴歌现在的新生活、现在的好时代。”

咸水歌的传承

如今，描绘着水上人家生活图景的古老咸水歌虽然不再在水波荡漾、船橹摇曳中传遍珠江两岸，却也在新的变化中获得了传承。

海鸥学校是石楼镇咸水歌的文化传承基地。这里大多数的孩子都出生在石楼镇海鸥岛上，对于渔歌有着天然的亲切感，虽然祖辈们口口相传的旋律离他们渐行渐远，但是新的咸水歌却正在课堂上继续演绎着。

作为传承渔村文化的新一代，他们也正透过咸水歌了解家乡半个世纪之前的历史。

在石楼中心幼儿园，编织渔网鱼篓成了孩子们课间最爱的手工之一。密密的针脚、长长的线，就好像一个世纪以前渔船生活图景的再现。现在的孩子们，没有水上生活经历，没有艇家生活历史记忆，手工编织渔网的兴趣更像一株幼苗，让渔村文化在新的土壤上生长。

在石楼镇，另一位咸水歌歌手周妙红，人称“周大姐”，每周还会从莲花山赶来石楼镇，教这里的阿婆们唱咸水歌。周大姐说，如今咸水歌的歌词已经不像过去一样“苦情”，咸水歌要书写新生活，所以要创作适合现代人演唱的“新咸水歌”。

刘向东，是一名咸水歌“非遗”传承人，据他介绍，传统咸水歌的词曲数量比较少，年轻人听来会觉得很单调，所以如今他在创作咸水歌时会对曲式上进行精心加工，让它更加多样化，甚至加入一些现代作曲方面的和声转调，让曲子更丰富。

珠江三角洲是山水环绕的一方沃土，温润的岭南文化自成体系，个中艺术形式百花齐放。新的历史时期，社会生活风貌不断演进，古老的传统生活图景或许会距离我们当下的生活越来越远。今天，当地的孩子们或许再也不会摇桨使舵，不会出海捕鱼了，但是我们真心希望，这颗散落在沙田水乡的明珠能够被重新拾起，番禺咸水歌在新时代的大潮下依然能够熠熠生辉。

扫码观看
纪录片《咸水歌与渔村文化》

第三节 禺山琴韵

还记得金庸的名著《笑傲江湖》吗？刘正风与曲洋以琴音会友，酣畅淋漓；令狐冲与任盈盈琴箫合奏，凄美动人……古人倚坐疏林，抚琴自酌之情景，是否也让你曾为之向往？

古琴，被古代文人列为琴、棋、书、画“四艺”之首，有着“左琴右书”和“士无故不撤琴瑟”的美誉，是高雅的代表。经过数千年的历史，古琴文化被一代一代传承和发展。但你可知道，在今天的番禺区大石街，还有这样一方乐土，热爱音乐的优秀琴人在此钻研琴谱、以琴会友？如今这里还是华南地区集古琴制作和古琴琴艺传承与发展于一体的大型基地，这里就是番禺稼轩琴坊。

稼轩琴家：程久霖

2008年，在番禺区政府及各部门的支持下，岭南画派大师陈永锵牵头创办稼轩琴坊，从此，古琴在番禺有了一方传承发展的乐土。

稼轩琴坊落成之后，首先受邀进驻的是梅庵派第五代传承人程久霖先生。

梅庵派古琴艺术起源于南京的东南大学，当时王燕卿（1867—1921）应康有为邀请去讲学，因地名叫梅庵，故王燕卿创始的琴派被命名为“梅庵派”。梅庵派古琴艺术于20世纪20年代在全国各地广泛传播，20世纪50年代之后，流传到中国香港、台湾以及海外各地。20世纪80年代，随着梅庵派大师程午嘉（1902—1985，王燕卿弟子）移居广州，梅庵派在广州地区开始了传承与发展。程午嘉曾向王燕卿学古琴，后又跟民族音乐家郑觐文学古琴、古瑟、箜篌，随琵琶大师汪昱庭学琵琶。他致力于民族音乐事业的发展，先后在俭德国乐团、万国美术所、上海国立音乐专科学校任职。中华人民共和国成立后，他主要从事音乐教育工作，后在南京艺术学院执教。梅庵派代表琴曲有《平沙落雁》《长门怨》《关山月》《秋江夜泊》和《捣衣》等。

沙湾古镇稼轩·进士会邀请“古琴艺术·梅庵琴派”国家级传承人、镇江梦溪琴社社长刘善教现场演讲并抚琴一曲

梅庵派传至程久霖已是第五代。获邀入驻稼轩坊后，程久霖在这里成立了广州梦溪梅庵派古琴艺术传习所，传承和发扬古琴技艺与文化。

其实，出生于音乐世家的程久霖一开始并不是学古琴，小时候的他首先学习的是琵琶。1979年，12岁的他因琵琶方面的才艺被原广州军区战士歌舞团特招成为一名军人；1980年3月入伍，担任琵琶独奏演员。

“琵琶与古琴，钢弦与丝弦，前者骨感有力，后者清远深邃。在乐器演奏方面，琵琶的演奏技巧是所有古代乐器中最难的，相比之下，古琴的演奏技巧并不难，但需要很强的艺术功底才能演绎出一首好的曲子，也需要更多的经历才能悟出曲子所表达的情感。”随着年岁渐长，人生阅历逐渐丰富，程久霖越来越喜欢弹古琴，并以琴会友。

程久霖少年时期虽然学的是琵琶，但长期在祖父程午嘉先生身边耳濡目染，他对古琴并不陌生，后来更是拜师喻引娣（梅庵派第三代传承人）和梅庵派古琴大师刘善教先生，潜心学习古琴技法。在跟随名师传习中，端坐正身，观琴谱、练指法，修得淡远之声，求得弦外之意，程久霖充分感受到了梅庵琴派“流畅如歌，绮丽缠绵”的艺术特点，更是如痴如醉地琴不离手。

《长门怨》《关山月》《秋江夜泊》……这一首首古朴而典雅的梅庵名曲被琴人演奏，琴声在指尖潺潺流动，淌过记忆的波纹。

在谈到自身琴派的特色时，程久霖介绍，梅庵琴派除了具备古琴各大流派讲究“清、微、淡、远”的意境之外，还吸纳了民间音乐、西方音乐的元素，琴乐特点是音韵宽厚、奔放洒脱，在演奏上颇为讲究气势和神韵，雄健中寓有绮丽缠绵之意，给人以结构严谨、琴韵饱满、形神俱妙之感；在演奏指法上，梅庵琴派的特色为左右手的大幅度吟猱，其吟法全在于腕部的灵活敏捷，以得匀实灵动之机为妙。许多琴曲中多用轮指，使乐曲表现更富有生气。

程久霖手中有一张唱片被古琴界称为经典的“老八张”唱片之一，这里面收录了当时古琴界22位一流琴家的53首曲目，《秋江夜泊》就是梅庵派第二代传人程午加的名曲之一。

在程久霖看来，琴如其人，通过琴声与他人相互了解、互通有无，正所谓高山流水觅知音，也就更能交到知己好友了。稼轩琴坊位处交通便利的大石街，开设古琴艺术传习所，可以更方便地传授技艺，广结天下琴友。

稼轩琴匠：肖茂国

以琴会友，通过琴声，高山流水觅知音。正是在稼轩琴坊，程久霖也遇到一位知己好友，不过这位好友不是琴师，而是一位斫琴（制作古琴）师。

肖茂国，稼轩琴坊的斫琴师，师承广陵派第十二代传人徐永。为了传承和发扬古琴艺术，稼轩琴坊还专门设立古琴斫制的工作室，由肖茂国为代表，以古法斫琴，并带徒授艺，所制古琴受到业界广泛认可，销往广州及周边地区乃至全国各地，成为广州地区较有活力的古琴斫制技艺传承力量之一。

其实肖茂国本是木工出生，为何转弄琴音？此中原来也有故事。2009年暮春，古琴广陵派第十二代传人、中国琴会理事徐永，来到广东授琴，下榻陈永锵工作室“礼绿山庄”。于是，陈永锵安排次子陈志彦和木艺师肖茂国，负责徐永的起居饮食。

由此，肖茂国第一次接触古琴，徐永老师的弹奏常让他如痴如醉。七根弦、三尺多长的木板竟然能抚出催人泪下的音符！从此，他对古琴着了迷。

有一天，肖茂国竟然似模似样地跟着老师拨琴弄弦，徐永有心，主动招下

肖茂国在挖琴腔

了这名木艺师为入室弟子。自此以后，“三更灯火五更鸡”，肖茂国有时竟然练琴至半夜。

抚弦邀明月，对影成三人。在学琴之余，肖茂国更跟随徐老师学习斫琴。“那种状态就是全身心扎入古琴制作的每一道工序中，一板一眼，琢磨至精。”肖茂国说。他由于本身对木艺已有心得，又得良师点拨，功夫不负有心人，抚琴制琴之艺渐长。

在肖茂国看来，古琴是一件有生命、有品格的乐器，形制精准仅是其皮毛。“琴人制琴与匠人制琴不同，前者对琴音、琴性有性灵之感，并因木材的年份、质地、纹理而量材雕琢；而后者是根据规定标准来作批量生产。”肖茂国说。

肖茂国说，做古琴有120多道工序，从选材、放样、挖琴腔、合板到配件等等，每一道工序都非常讲究。在现代工业化生产浪潮下，能够坚持用传统古法造古琴的艺人为数不多，肖茂国凭借对古琴的热爱与执着，在斫琴界，走出了自己的一片天地。

无论对一名收藏者还是演奏者而言，影响古琴音色的首要因素是琴的材质，好琴身的木材须自然风干数十乃至上百年。“一开始，我是用船木做琴。老师指出应该用老的杉木或梓木，这是因为老的木材水分和胶已经脱了，比较松透，越松透的木头做出来的琴，其音色就越接近古时的琴声。”肖茂国说，“你必须要一边听琴的声音，一边挖琴腔，才能做出音色好听的琴。”

除了琴身木材的材质，上漆也是非常关键的一步。轻抚琴身，上品表面温润平滑，无干燥和凹凸感。“这直接取决于涂漆的水平。”肖茂国介绍，成型后的古琴表面须涂上几层薄而均匀的生漆，涂层的质量不仅决定琴声能否浑厚而不失清脆，而且对古琴的保养更是至关重要。

在徐永老师的细心教导下，肖茂国的技艺日渐成熟，逐步熟练掌握了木料选材、放样、挖腔腹、合并、裱布、刮灰胎、上底漆等100多道斫琴工艺。每做好一批琴，肖茂国都会寻访不同的琴师，听取各个流派的意见，改进制琴的工艺。因为他深知——琴，是做给琴家用的，只有交流才能做出品质好的琴。

知音难求　禺山觅得

古琴制作和弹奏过程是相互通融的，只有不断提高对古琴音色的理解，才能相应地调节古琴的音质、音色的变化，使古琴更加中正平和，温柔敦厚。

当一把好琴打造出来的时候，程久霖和肖茂国都会相约分享，好琴不易得，知音更难求。

在稼轩琴坊，古琴制作和古琴琴艺有了一个很好的交流展示平台，这里既是琴师的一方精神高地，也是斫琴师的一片自然乐土。在稼轩琴坊，每天丝竹声不断，琴坊主人欢迎志同道合的爱好者，以琴音相聚。泡上一杯桂花茶，在弦上行云流水，闲坐听之，一曲《平沙落雁》奏毕，竟让人陶醉得忘了鼓掌。

程久霖表示：“古琴是我们的先辈代代传承下来的一种经典文艺形式，又因为地域文化的差异诞生了不同门派，逐渐形成各自的特色，但门派之别不影响古琴的传承，我也希望更多当下的琴人能够吸纳各门派的精华，这样才能把这一经典全面传承下来，大家也在朝这个方向努力着。”

因此，近几年来，程久霖除了专注于整理祖父所流传下来的音乐文化遗产，还于广州和江门两地开班教学，传承古琴文化艺术，并积极举办、出席各类琴艺文化交流活动，如2014年到韩国仁川参加古琴交流会；2017年参与梅庵派成立100周年的巡演活动；2019年9月21日，到上海音乐学院参加大同乐会成立100周年的活动演出……

通过不同形式的雅集、展演、交流，程久霖和一众琴人逐渐将许多优秀的古琴作品，带到听众与爱好者身边，让大家充分感受古琴文化的独特气质与艺术魅力。

十年间，番禺对古琴文化的保护和培育，让越来越多的人了解到古琴文化，也让越来越多人接触古琴艺术。番禺，成了岭南古琴爱好者聚会、切磋的圣地，在繁华都市里禺山琴韵悠扬，宛如一股清泉，滋润着一方水土。

回到本文开头，陈永锵为何会促成稼轩坊的成立？琴坊为何又取名“稼轩”？陈永锵在接受媒体采访时曾说过这样一段话：“此琴坊之所以取名‘稼轩’，因为这是南宋爱国将领、著名词人辛弃疾的自号。我素来十分景仰这位‘剑胆琴心’，文采武功均不凡的古人。”

稼轩文能开一代词风，与东坡并举，被推为“词宗”，有“谪仙人，鸥鸟伴，两忘机。掀髯把酒一笑，诗在片帆西”的恣意洒脱，也有“想当年，金戈铁马，气吞万里如虎”的慷慨悲歌。他武可单骑闯营、独擒逆贼，也有“赤手领五十骑缚取于五万众中，如挟毚兔”的孤胆铁血。

同时，“稼轩”二字亦代表人们对大自然心怀敬畏，“稼”是禾所结的果实，五谷庄稼是人类赖以生存之根本。自古以来，琴皆是修身养性的乐器，是精神与情操的象征。以琴载道，古韵德华。在这个聒噪喧嚣的时代，给心灵以安宁；在这个诗意荒芜的年代，给精神带来温润。于是乎，“稼轩琴坊”所寄托的正是这样一片自然乐土。

古琴，琴、棋、书、画“四艺”之首，经过数千年的传承和发展，其文化被一代一代传承和发展，直至今天，在番禺大石，在新一代琴人的手中，正演绎出更加美丽的音符。

扫码观看
纪录片《禺山琴韵》

第三篇
禺山人杰

记忆番禺

第一章 行者

第一节　屈大均：一身傲骨，历尽千帆

屈大均

一生偏执与孤傲，在乱世飘零中保留一份孤勇，将满腔斗志化为脚下的路、笔尖的剑，书写明朝最后一段传奇。

屈大均（1630—1696），在动荡时代里反清复明的坚定“斗士”。一生跋涉山川，联络志士，冀求恢复中华。却也尝遍人间疾苦，写下无数披露现实、记录民风的文学瑰宝。他是明末清初著名学者、诗人，也是“广东徐霞客”，更与陈恭尹、梁佩兰并称“岭南三大家”。

心怀壮志　惨遭国家动乱

广州十三行，清代中国的全球贸易中心，也是较早为世界所熟知的中国“名片”。

如今再次走进十三行，历史尘封的记忆被打开。“洋船争出是官商，十字门开向两洋。五丝八丝广缎好，银钱堆满十三行。”一首凝练、质朴的《广州竹枝词》将康熙年间繁华的海上贸易写尽无余。而这首诗的作者，便是屈大均。

屈大均，字翁山，明崇祯三年（1630年）出生在南海县（今广州市荔湾区），十岁时回归番禺原籍沙亭乡（属今广州市番禺区新造镇和化龙镇）。他自幼好学，十四岁能文，十五岁能诗，十六岁便跟随名儒陈邦彦读书于越秀山，研究《周易》《毛诗》

等著作，而父亲对他也寄予厚望。然而，生在风云动荡的时代就注定了他不平凡的一生。

屈大均的父亲屈宜遇，是个自学成才、没有产业的“草根”医生。他对儿子期望甚高，偶有余钱就用来买书，请不起塾师就亲自训导督查屈大均读书。他对屈大均说：“吾以书为田，将以遗汝；吾家可无田，不可无书。”

屈大均的才学为同邑人所发现，举人曾起莘推荐他师从在越秀山讲学的陈邦彦。陈邦彦讲授的经世致用之学、忠君报国思想，对他一生有着深刻影响。顺治二年（1645年），屈大均补南海县生员，父亲喜出望外，但屈大均的科举生涯却随着清兵南下而告终——正当他满怀志气，想要考取功名时，明朝却灭亡了。

顺治四年（1647年），清军围陷广州，彼时只有18岁的屈大均参加了由恩师陈邦彦以及陈子壮、张家玉等人发动的抗清军事斗争，但以失败告终。

对于这一战，屈大均在后来的诗文中写道：“魑魅纷来战，雷霆相纠缠。予时当一队，矢尽犹争先。猛士尽疮痍，一呼皆腾鞍。”由此想见当时战况的悲惨与壮烈。

同年十月，陈邦彦被俘，受到严刑拷打，并被杀害。痛失良师、悲愤交加的屈大均在《死事先业师赠兵部尚书陈岩野先生哀辞》中写下“予痛先生忠烈，以师雠益恨，坚志不仕”的忠烈誓言。

“作为陈邦彦的学生，屈大均受陈邦彦的思想影响很深，所以他骨子里有反清复明、忠君报国的思想。这种思想可以说是从他父亲、老师处传承而来的。”广东技术师范大学副教授、珠江月诗社社长祁丽岩说。

在番禺削发为僧十二载

家训、师仇、国难，让屈大均在抗清道路上走得更加坚定，他终生不出仕，即便在后来清廷多次给予他为官的机会，屈大均也不曾改变他抗清的决心。

顺治七年（1650年），清兵再次攻陷广州，屈大均为避祸，在番禺县雷峰山海云寺削发为僧，并将自己的居所命名为“死庵”，以此表示自己不为清朝所招安的决心。

然而，屈大均虽身在僧院，但心系国家，继续以僧人身份，奔波全国，联络抗清义士，不断为匡复明朝而努力。

出家当和尚，不是他的初衷，但却让他有了栖身之处。当时的海云寺成了反清复明文人志士云集之地，一时间“海云诗派”“海云书派”名噪天下。

坚贞不渝的屈大均，投入一生的时间去光复明朝，但最终仍然改变不了明朝覆灭的命运。郁郁难平的他，只能将这份苦闷、无助、愤怒借着诗句、文章抒发出来。在往后数十年的奔波岁月中，屈大均也写下了无数愤慨、激昂、通俗、质朴的诗篇，而在这些遗作中，都能窥见屈原、李白、杜甫的风骨和韵味。

“屈大均是明末清初的一位著名诗人，被人称为‘岭南文宗’，在当时的清代诗坛上，可以说是一流诗人。”广州大典研究中心从事屈大均研究多年的学者、韶关学院原副院长王富鹏认为，“屈大均游历四方，奔走天下二十年，不是为了写诗，也不是为了自己的学术，只是为了反清复明。他真正的理想，是像张良辅佐刘邦打天下一样，在建立奇功后飘然世外。正因为他有这种理想，所以他身上有一种王霸之气。但是非常可惜，最后他也没能如愿。”

“我们从屈大均的作品里，可以看到很明显的特点，他和李白是一脉相承的，创作风格是浪漫主义和现实主义的结合，形成了他自成一家的‘翁山诗派’。”祁丽岩说。

“古戍三秋雁，高台万木风。从来天下士，只在布衣中”营造了雄健宏阔的意境，充满了慷慨激烈的情绪，一首《鲁连台》抒发的是屈大均坚定的复明之志，却也含蓄地表达着他心中无尽的遗憾与孤独。

顺治十五年（1658年），屈大均已经二十八岁，距他出家为僧已经八年了。在他跋涉山川、联络志士的八年中，清廷已经逐步统治了全国大部分疆域，明朝覆灭已是大势所趋，无力挽回。

然而心有不甘的屈大均，在南明王朝仅存的最后几年，依然坚定反抗。直到1683年，郑成功的孙子郑克塽降清，台湾被清廷控制，屈大均一腔热血的抗清斗争才宣告落幕。

他是“岭南三大家”之首

“既然反清复明已经没有希望了，也不想白白浪费生命，所以他干脆回到故乡著书立说。他认为自己是明朝的遗民，立下了誓言，拒绝为清朝从仕。他希望通过著书立说来传达自己的思想，去感化世人。”广府民俗专家屈慎宁认为。

回顾屈大均的一生，正如他在《翁山文钞》中所说：“予也少遭变乱，屏绝宦情。盖隐于山中者十年，游于天下者二十余年。”

他少年时遭遇家国祸乱，游走四方，曾五次出省远游，每一次的游历都让他更了解当地的民风、民情，也让他积累了丰富的诗词创作题材。

游历对其写诗创作，对其见识的提高，毫无疑问大有裨益，屈大均的诗，有如得到“江山之助”。祁丽岩认为：“对屈大均来讲，他行万里路还不是单纯的采风那么简单，他的游历是重在记录的，对他的创作有很大的影响，这在他的作品中都能体现出来。”

在今人整理的《屈大均全集》中，诗作便涵盖了五言、七言、杂体诗等多种体裁。他写下的无数诗篇，既歌颂个人情怀，又反映民间疾苦，还有颂扬人间真情的题材。其中，《塞上曲》《猛虎行》《摄山秋夕》《白菊》《读陈胜传》等诗词，更是百姓传诵的经典之作。

除了写诗著书，屈大均还是一位历史记录者。他撰写的《皇明四朝成仁

后世出版的关于屈大均的著作

录》《永历遗臣录》《广东新语》等史学著述，对于今天研究明清历史都有着极为重要的参考价值。

其中，屈大均晚年编纂的《广东新语》，更被学界誉为“岭南的百科全书”。“屈大均对广东的各种社会生活习惯、物产、人事、山水、气象非常之清楚。在清末到民国的一百多年里，想要有作为的县长来到番禺，如欲了解风土人情、物产风俗，首先要看当地县志和《广东新语》。直至今日，这本书对研究岭南文化都非常有历史参考价值。”祁丽岩说。

《皇明四朝成仁录》作为屈大均的另一重要著作，记载了崇祯、弘光、隆武、永历四朝死节之士的事迹，成为今天学者们研究南明历史所必备的珍贵史料。然而，这本倾注了屈大均大量心力的重要原作，最终却令人遗憾地被统治者下令焚毁。

对岭南故乡的别样眷恋

屈大均的一生都在悲苦、哀愁中度过，他对故国的怀念与惋惜历久不消，对岭南故乡也有着别样的眷恋与深情。

在他众多的诗词作品中，表现粤土风情的诗词不在少数，且都极具地域特色。他写广东的木棉“花开红比朝霞鲜”，他笔下的荔枝是颜色堪比“芙蓉”的美味佳品。他还曾多次以“烟波”“春潮”“班枝”“江雨”等意象描绘珠江，写下“珠水烟波接海长，春潮微带落霞光”的美好诗句。

“屈大均可以说非常热爱岭南，他通过自己的诗，写岭南的意象，写岭南的山水风物，表达了对家乡的眷恋之情。”祁丽岩介绍道。

纵观屈大均一生的经历和艺术创作历程，都与岭南文化有着密切的联系。如今，一生故国情已经化作一方孤冢，静立在宝珠岗之上。这里埋葬了屈大均的父母及子女，后来屈大均也被安葬于此。

1986年，当时的番禺县政府重新修整屈大均墓，建成思贤亭。到如今，很多当地民众都会时常来这里拜祭这位岭南大家。

如今的屈大均墓已经成为广东省级文物保护单位，并以其特有的人物故事，向后人传递着坚定不屈的品格与精神，鼓舞着无数岭南后人昂首阔步，勇敢迈向美好明天。

坐落于番禺区新造镇思贤村宝珠岗的屈大均墓

屈大均的诗文，在中华文学史上占有灿烂的一页。其诗，为“岭南三大家”诗作之首；其画，以兰竹、山水为长；其书法，各体皆精，尤以行草最为出色。当代海内外学者越来越重视对屈大均的研究。1996年底在番禺举办的“屈大均思想在岭南文化中的地位”国际学术研讨会，可谓屈大均研究进程上的一件盛事。

扫码观看
纪录片《广东徐霞客——屈大均》

第二节 惟因法师：学修并重，福慧双修

1990年酷夏，南华寺方丈惟因法师病重到了弥留之际。“文革”结束后担任方丈的10余年间，他一直“蜗居”在一间面积不到10平方米的小屋里。弟子们多次提出为其更换住房，法师都不同意；酷夏之时小屋内热浪滚滚，弟子们提出安装空调，或搬冰块放置于床下降温，惟因依然不同意，他就在这样的环境中圆寂。

这位从番禺沙湾走出来的一代高僧，一生多受磨难，不为自己求安乐，但愿众生得离苦。他的一生，真正做到了自己所言——“一生一世是修忍辱般若蜜”。

沙湾东村走出的高僧

在番禺沙湾，沿着熙熙攘攘的人流，很容易就能找到沙湾古镇的各大景点，但是，想寻找沙湾东村，就没有那么容易了。沿着麻石板路，离开热闹的人群，心静一点，脚步放慢一点，一路向东。树木葱郁，鸟鸣声声，不知不觉，人们便走进了这座宁静而自在的村庄。

80多年前，一位来自番禺区沙湾镇沙湾东村的少年，发大愿，剃发出家，从此走上了一条充满传奇的道路。他，就是惟因法师，南华寺的前任方丈。

惟因法师（1914—1990）俗姓黎，名志成，出家前的25年岁月里，他生活在沙湾东村安宁东街东楼巷1号。

黎志成的母亲是一位佛门弟子，虔诚而善良。黎志成从小就洁身自好，心地柔软。并不富裕的家境，丝毫没有影响这位少年的向阳而生。小小少年，学习文化，事亲至孝，行事正派。风吹过当年的街巷，屋檐低垂，人们在这里，仿佛还能感受到一个聪慧的年轻人初长成时澎湃的心。

“惟因法师的母亲个头比较矮小，一生待人和气，终日吃斋念佛，母亲和善的品性可能深深地影响了惟因。”村民黎国杰说。

东村的京兆小学，以前是黎氏大宗祠，如今仍保留着古朴气派的仪门——“文学流风”。黎志成在这里读完小学，毕业后次

年（1930年）又在这里任教。

在执教期间，志成一方面认真教学，尽职尽力；另一方面，刻苦坚持自学，读书、习字、作诗、写对联，兴趣广泛。业余时间，他就读于当时的广东省教育厅主办的全省小学教员函授学校，于1933年夏毕业，取得正式教师资格。

身为教师的黎志成在教学上一丝不苟，他教学生练习书法，也教学生做人的道理。而且，他常常义务为家乡做事，带动身边的人一起爱护家乡，爱护环境。红尘里，黎志成是“捧着一颗心来，不带半根草去”的先行者。

1934年春，黎志成通过考试，进入当时广东省财政厅主办的全省地税人员培训班学习，半年后结业。结业后，他先后奉派到博罗、中山、连山等地充任区土地评价委员。而后又奉派赴东莞、南海、清远等地充任“地税督征处”一等助理员。任职督征，他始终坚持自学，钻研方史知识；志向远大，身处红尘，处污而不染，洁身自好，获誉甚佳。

韶关南华寺坐落于广东省韶关市曲江区马坝镇

然而，由于工作接触面广，惟因看到了当时社会的黑暗面和民不聊生的状况，特别是人与人之间尔虞我诈、争权夺利的罪恶关系。他感叹世事变化无常，很是苦恼。后来，他偶然接触到佛教书籍，读后感到很是在理，觉得佛教书籍能帮助人理解世事，减少烦恼。他越读越契入，渐有向往之心。

世事无常，1939年，黎志成的父亲去世，至孝的黎志成悲痛欲绝，倍感人生无常，顿兴出世之志。同年秋天，他来到韶关南华寺，辞亲割爱，剃度出家，得法号惟因，字知果。从此以后，世间少了一个叫黎志成的青年，天地间多了一个叫惟因的僧人。

随侍虚公得真传

“水香知是曹溪口，眼净同看古佛衣。不向南华结香火，此生何处是真依？”数百年前的一天，苏轼在写给友人的诗中，以一句意味深长的提问表达了自己对南华寺的深挚向往。也许就是从那一刻起，这个本只属于佛教徒的精神圣地，逐渐演化为符号一般的文化地标。这一方粤北山水，还有“禅宗”“慧能”“坛经”，历经兴废轮回，却始终为民众念念不忘。

惟因法师后来成了南华寺的方丈大和尚，他的命运和南华寺紧紧联系在了一起。

“他老人家一生都讲究修行，他坚持‘一心一意’，终生不渝。佛教讲求几千年如一日，惟因法师做到了。”南华寺方丈传正大和尚说，“他一生低调，为世间做了多少事情，却从来不多说一句话，只有大德高僧才能做到如此。”

顺治皇帝出家时曾留下偈子：“黄金白玉非为贵，唯有袈裟披肩难！”出家是大丈夫才能做得到的事。惟因法师出家50余年，历经半个多世纪，亲历抗日战争、解放战争，风雨如磐。国家民族的苦难和他个人遭遇的苦难同频共振，而他却初心不改，用生命谱写了一曲壮丽的悲歌。

惟因法师师承高僧虚云和尚，为虚云和尚座下的徒弟。他深得虚云和尚器重，为随身侍者，紧随左右。虚云生活简朴，威仪端庄，令人肃然起敬。这些道风，深深熏陶了刚出家的惟因法师。

惟因法师在《记虚云法师一二事》中这样写：“1939年，我至南华禅寺，看见法师每天很忙。早晨4时即起，领众僧上殿念经，早、午、晚同大众在禅堂静坐，每次坐香一支。冬天，打禅七21天，或35天。这期间，法师每日3点半起床，在禅堂行行坐坐，一直到晚上11点。每天晚间讲佛法，指示修行的方法。”

1942年，惟因法师随侍虚云，应邀前往重庆举办息灾法会，路经桂林、遵义、贵阳。虚云和尚每有开示法语，惟因法师随即以笔记录，后整理流通于世。

重庆离别之际，许多高官、巨富、名人、要员给虚云和尚送了不少名贵字画、古玩、宝玉，多达5大箱。在归途中，虚云和尚将其分赠予人，惟因法师开初不知其缘由，即问其缘故。虚云和尚说：“徒费保存，徒乱人心。”由此，惟因法师受到极为深刻的教育，对于虚云和尚的高风亮节，佩服得五体投地，对此铭记在心，并以之为楷模教育后人。

回广东后，惟因法师先后出任南华寺知客、当家。余生都在守护南华寺，没有再回过家乡。

出家人的生活是怎么样的？暮鼓晨钟，上求佛道，下化众生。三四点做早课，过午不食，止语不闲谈……其中甘苦清欢，难以言说。那是一个远离红尘、远离颠倒妄想的地方。在南华寺的岁月中，惟因法师深入经藏，数十年如一日研读《金刚经》与《六祖坛经》，深得其中三昧，并且敦促后辈反复读诵。惟因法师对于《六祖坛经》的领悟，简直到了出神入化的程度。云峰长老说：“是我同参亦我师，坛经导读令深思。”这表达了对惟因法师教导《六祖坛经》的感激之情。

放弃避难尽心尽力护寺

1949年初，中华人民共和国成立前夕，时局动荡，很多人经广州、香港，到海外去避难。惟因法师也随众到了马坝。在车站等车的时候，惟因法师突然想到南华禅寺是六祖惠能大师的弘法道场，是中国佛教禅宗祖庭，而自己是当家兼知客，如果也跟着跑了，谁来守护祖庭？六祖惠能大师开创的南宗禅灯谁人奉继？想到这里，惟因法师心头一热，捡起包袱，毅然回到南华祖庭，协助住持本焕和尚，继续为维护南华祖庭尽心尽力。

“惟因法师保护六祖、保护南华寺功不可没，可以说如果他没有从马坝又跑回来，尽心维护南华寺，可能南华寺的历史也已经被改写了。”传正大和尚回忆道。

惟因法师在生活、修持、出坡劳作等诸多方面都发挥表率作用。他奉守唐代高僧百丈祖师所创“一日不作，一日不食”的作风，劳作不忘禅修，禅修寓于劳作。

“一日不作，一日不食。”这是百丈祖师提出来的宗旨，也是出家人一生的目标。惟因法师晚上打坐，集中打从虚云和尚传下来的禅七，也正因为此，南华寺目前仍保留一年打两个禅七的传统。

禅修之余，法师在寺中田地里种蔬菜，在寺内栽花。“文革”开始后，惟因法师还承担了种植全寺数十人所需蔬菜和养护全寺花木的任务。在这些年中，惟因法师的菜种得很好，不但满足了寺中常住的需要，有时还食而有余。每遇这时，惟因法师就会大开慈爱悲舍之门，将多余的蔬菜送给周围的乡亲。

一生坚持苦行身体力行

“文革”结束后，惟因法师与众同参，重新过上了正常的佛教生活。中共十一届三中全会后，全国逐步落实宗教信仰自由政策，南华禅寺僧众推选惟因法师为方丈。惟因法师率众进行僧团建设，恢复规定僧众聚住规则的丛林规制。

“文革”十年，很多规矩都被中断，南华寺恢复丛林制，从惟因法师开始。虽然身体已经不是太好，但他仍坚持身体力行。

在海内外四众弟子共缘相助下，惟因法师开始筹划重建南华禅寺工程，先后主持修复六祖殿、禅堂、天王殿、法堂、藏经阁、方丈寮、伏虎亭、中山亭等殿堂。历时近十载的艰辛，惟因法师率大众师父共同发心，使南华禅寺重现祖庭雄姿，道风严谨，僧团兴旺，法务昌隆。

这样一位支撑起南华寺的大和尚，在日常生活中，却是一位极其普通的老者，事事亲力亲为，起居饮食极为朴素，甚至苛刻。穿的是旧僧衣，住的是又闷又热的小屋。

“福建有一位海灯法师来拜见惟因法师，他一见到艰苦修行的惟因，深受触动，当时就忍不住跪下来哭泣。其实当时惟因法师各方面条件都很好了，可是他还是过着十分严苛的苦行生活。”传正法师回忆道。

由于身体不好，晚年的惟因法师不能吃干饭，仅以食稀饭度日，到后来甚至只喝米汤。不少皈依弟子看到惟因法师身体不好，时常送上供养。对于这些供养，惟因法师视为身外之物，总是送给常住的年老师父，或是患病的僧众。惟因法师常说：“布施供养，不能独享，难以消受。”

不仅在吃住方面坚持苦行，惟因法师还十分注意惜福，每天用水不超过7斤，自动限量。一盆水一用再用，先用来洗脸，再洗衣服，到后来还要用来浇花。惟因法师的这种苦行僧的生活方式，门下高足亦都个个自叹不如。

1990年6月，惟因法师圆寂。消息传开后，四海皆惊。广东省委统战部、广东省宗教局、韶关市人民政府、广东省佛教协会、香港禅寺等教内外单位与人士及四众弟子纷纷前来吊唁。

能如法师追忆：“他在圆寂前3天，还给我们上课，他临走时就处在佛经所说‘预知时至生，身无病苦，心无贪恋’的境界。他下午3点钟还跟我谈禅论道，还能自己去洗手间，到四点钟他就走了，那是一种潇洒自在的状态。”

佛门痛失栋梁，众生痛失依怙。500多人参加了惟因法师追悼法会。本焕长老题字：“四十余年忠心耿，一代宗师耀古今。”之后，南华寺专门修建了大和尚纪念堂、大和尚舍利塔，供后人瞻仰。

如今的沙湾东村，当地政府在惟因法师故居的基础上，正在筹建惟因法师纪念馆，以缅怀前辈，传承精神，福泽桑梓。

惟因法师纪念馆的筹建，牵动着众人的心。惟因法师这个名字，将为越来越多的人铭记。惟因法师身后，留下的是不可磨灭的文化遗产和精神财富。

扫码观看
纪录片《惟因法师》

第三节 冼星海：为民谱曲，时代强音

冼星海

近百年之前，有这样一位中国音乐家，他的足迹几乎横贯亚欧大陆，从广东到新加坡，从巴黎再到延安；他把手中的曲谱当作与时代抗争的武器，激励着当时的中国青年，走出战争的阴霾。他，就是冼星海（1905—1945）。

冼星海短短40年的人生历程，正是近代中国最动荡飘摇的40年，而他却用自己的生命，为后世谱写了一曲曲永恒的乐章。

深秋，阿拉木图市中心的冼星海大街上，依旧人头攒动。大半个世纪之前，音乐家冼星海曾在这里度过他生命中最后的几年时光。跨越经纬线，万里之外的广东广州，关于冼星海的故事，正在一代代地传唱下去。

一生执着，追寻星辰大海

冼星海祖籍广东番禺，因为他是在星夜大海之中的渔船上降生，母亲就给他取名“星海”。冼星海的父亲英年早逝，他是遗腹子，母亲黄苏英将他抚养大。后来因生活艰辛，妈妈带着他去澳门投靠了外公。外公略懂音律，在冼星海很小时，就开始教他吹笛箫。

幼年的冼星海一直随着母亲在海上飘荡，在祖父忧伤绵长的箫声中，在渔民喜忧参半的民谣中长大，一直保有对音乐的兴趣。

冼星海6岁时，母亲带他去新加坡，进入养正学校学习。冼星海的音乐天赋得到学校区健夫老师的赏识，于是他被选入学校军乐队，开始接触乐器和接受音乐训练。

机缘巧合下，在冼星海13岁时，广州岭南大学的创始人钟荣光赴新加坡筹募办学经费，发现冼星海虽然家境困难，却很有音乐天赋，便将其带回广州岭南大学华侨班免费读书。冼星海也非常珍惜这来之不易的机会，在学校功课一直很好，而最令他着迷的是音乐课。在岭南附中时，冼星海的笛子吹得很好，他在学校里有“南国箫手”之称。

24岁时，冼星海辗转来到巴黎，开启了他艰辛的求学生涯。年少的冼星海从在饭店当堂倌，后跳槽到咖啡馆当杂役。为了糊口，他还做过轮船上的锅炉间的伙夫、浴堂的打杂。至为窘迫之时，他也曾沦为乞丐，在塞纳河畔梧桐树下几次晕倒，险些被法国警察送进陈尸所。

在法国发现冼星海音乐才能的是中国第一代小提琴演奏家马思聪。马思聪也是广东人，他当时在巴黎音乐学院，发现一个黄皮肤的年轻人天天都很聚精会神地在东墙外听音乐。看到冼星海即使如此窘迫仍对音乐这么着迷，马思聪很同情他，给他介绍了一位老师。

苦尽甘来，却毅然回国

1930年，冼星海经马思聪介绍，跟随其小提琴老师奥别多菲尔免费习琴，又向巴黎音乐学院的多位知名教授学习作曲与指挥。

1934年，冼星海考入巴黎音乐学院高级作曲班，学习作曲兼指挥。他是该班的第一个中国考生，由于衣着寒酸，险些被门卫拦在考场之外。

考试后，主考老师保罗·杜卡斯代表全体评委宣布：“我们决定给你荣誉奖，按照学院的传统规定，你可以自己提出物质方面的要求。”冼星海想了一下，很小声说了一句：“我就需要饭票。”

从1919年到1929年的十年间，靠着半工半读，冼星海完成了中学及大学的学业。被饥饿生拉硬拽的他，始终执着于自己命运中的那片星辰大海。

他自己有过这样的描述：“我常常在失业与饥饿中，而且求救无门，在繁重琐碎的工作里，只能在忙里抽出一点时间来学习提琴，看看谱，练习写曲。

有过好几天，饿得快死，没法，只得提了提琴到咖啡馆、大餐馆中去拉奏讨钱，忍着羞辱拉了整天也得不到多少钱。远渡重洋来到巴黎以来，受尽种种辛酸、无助和孤单。”

生活往往如此，若是身娇体弱被其压倒，便也就再也翻不了身，那么所谓梦想和抱负也不过是梦一场。倘若绝地反击战胜了生活，那么实现抱负也就不在话下了。在巴黎音乐学院潜心学习的日子里，冼星海杰出的音乐天赋在一地狂沙的磨砺中欣欣然绽出萌芽。

1932年，冼星海观看法国国庆游行，在日记里，他写道：“我想到自己多难的祖国和3年以来在巴黎受尽的种种心酸、无助、孤单、悲愤、抑郁的感情混合在一起，我的两眼里不禁充满了泪水，在悲痛里我寄托了怎样去挽救祖国危亡的思念。”

1935年初，祖国大地并未因为春风十里而回暖，战争的阴云笼罩在神州大地上。远在他乡异国的冼星海毅然放弃平静的生活，不顾劝阻，回到祖国，回到了炮火连天的故土。

正如他自己所说：“我有我自己的人格。良心，不是钱能买的。我的音乐，要献给祖国，献给劳动人民大众，为挽救民族危机服务。”

邂逅延安，谱出惊世之作

1938年11月，冼星海收到延安鲁迅艺术学院的邀请，和新婚妻子钱韵玲一起到了延安。在延安，贫乏的物质条件并不曾影响冼星海的工作热情，相反，延安这片热土成为他创作的温床。可以说，1938年11月到1940年这两年，是他整个40年人生当中最为平静、最为安稳，也最为幸福的时间。他有了女儿，过上了非常稳定的家庭生活，并担任鲁迅艺术学院音乐系主任，一部部作品被孕育孵化，《黄河大合唱》就是1939年3月在延安创作的。

1939年1月，诗人光未然不慎坠马而住进延安边区医院。冼星海前去探望期间。光未然当场朗诵了长诗《黄河颂》。冼星海听了激动得把稿子抢了过来，说：“我一定能把它创作出来！”

冼星海在诗人光未然所作《黄河颂》的基础上，经过5天的不眠不休，终于谱出惊世之作《黄河大合唱》。

中华民族的儿女啊，
谁愿像猪羊一般任人宰割？
我们要抱定必胜的决心，
保卫黄河！
保卫华北！
保卫全中国！
风在吼，
马在叫。
黄河在咆哮，
黄河在咆哮。
河西山冈万丈高，
河东河北高粱熟了。
万山丛中，
抗日英雄真不少！
青纱帐里，
游击健儿逞英豪！
…………

星海音乐学院教授祁斌斌说：“那个时代有很多人是唱着他的革命歌曲走向战场的，甚至说在战场上也是听着他的歌曲与侵略者战斗的。我们可以看到一些照片，其中有冼星海站在桌子上指挥合唱团时的留影，也有他与歌咏团成员的合影。这些照片中，基本上他都是处于中间位置，被大家簇拥着。可以说他是当时抗日救亡运动当中很有影响力的核心人物，当时非常流行传唱、排练他的歌曲。”

为抗战发出怒吼，为大众谱出呼声。也的确如此，自那以后，无数人就是唱着“风在吼，马在叫”，走向了抗日战争的最前线，延安每逢举行各种群众集会，几乎无处不响彻《怒吼吧！黄河》的激越歌声。

在延安的一年半时间里，冼星海进入创作的巅峰期，谱写了《军民进行曲》《生产运动大合唱》《黄河大合唱》《九一八大合唱》等作品。

当年那个生活窘迫赤贫，几乎流落街头的苦孩子，在经历一番又一番洗礼之后，终于能用自己的方式，把一颗赤子之心捧送给他正遭受苦难而满目疮痍的祖国。这种成功让冼星海感受到了极大的人生价值。他依然想奋笔为祖国创作出更多更好的壮丽篇章。

客死异乡，却浩气长存

1940年春天，冼星海接到组织的安排，和电影导演袁牧之一起前往苏联为纪录片《延安和八路军》做后期制作。临行那天，大家不约而同地从窑洞中、平房里，从四面八方走来为他送行。这一别，竟成了永诀。

祁斌斌说："冼星海的一生非常坎坷，因为他一辈子基本上都在奔波。我曾经计算过，他一生40年走过5个国家16个城市，到了莫斯科半年以后，苏德战争就爆发了，就这样被困在苏联。他也曾经绕道蒙古，希望能够回来，但是也没有成功，最后就在哈萨克斯坦定居了一两年的时间。"

由于战时补给困难，冼星海的生活再次陷入困厄之中。之后，由于环境的恶劣、过度的操劳以及营养不良等原因，尽管得到了当时莫斯科外文出版社李立三的照顾和接济，但冼星海还是在1945年10月30日去世，终年40岁。

回顾冼星海一生，幼年的贫寒造就了他不屈的个性，青年的坎坷磨砺了他坚强的意志。为天地立心，为生民立命，这位音乐才子从未亲临战场浴血杀

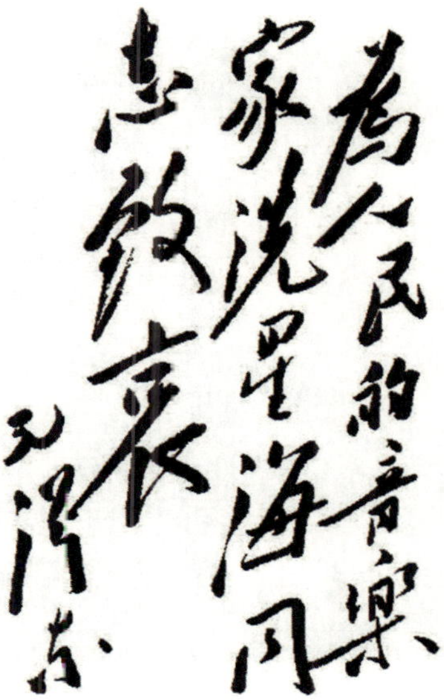

毛主席亲笔题词"为人民的音乐家冼星海同志致哀"

敌，但他创造的每一个音符，却都成为射向敌人的子弹、鼓舞将士的号角。在短暂的生命历程中，冼星海经历了从一个普通贫苦船工的子弟，到音乐家，再到无产阶级革命家的转变，他的一生都在为了音乐而奔波。

“冼星海的音乐创作一直是比较大众化、平民化的。他的音乐老百姓也非常喜欢，传唱度非常高。他的创作灵感主要是来自生活，而他的生活更多是跟社会大局紧密关联的，可以说他在1935年到1940年间创作的作品，是能够反映整个社会主要矛盾的。冼星海在西方学过作曲的技法，又在国内选取社会题材，结合他民族化、大众化的创作风格，所以他的作品能做到既让大家耳熟能详、朗朗上口，也能让人听起来觉得比较国际化。”祁斌斌评价道。

近代中国音乐教育奠基人之一

1929年7月，在上海国立音乐院半工半读、主修小提琴和钢琴的冼星海，在于院刊上公开发表的《普遍的音乐》一文中，提出“中国需求的不是贵族或私人的音乐，中国人所需求的是普遍的音乐”，“学音乐的人”要“负起一个重责——救起不振的中国”。

话剧《冼星海》在星海艺术节闭幕式上赢得观众阵阵掌声

因为冼星海是广东番禺人，粤语文化在他的曲子上也有体现。1935年到1940年期间，冼星海创作了一首叫作《顶硬上》的歌曲。从这首广东方言劳动歌曲中，可以看出地方文化对他的熏陶。据说这首歌曲是冼星海为纪念母亲黄苏英而作，因为他小的时候母亲经常背着他干苦力，唱劳动号子：“鬼叫你穷，顶硬上，铁打心肝铜打肺，立定心肠去捱世……”后来这些劳动号子在他的革命曲子中也经常被使用。

冼星海女儿冼妮娜说：“我经常做梦，梦见我父亲回来了。我就和家里人说，他回来了，在天上，像《西游记》里的孙悟空腾云驾雾而来。他回来以后我就向他打招呼，去拉他的手，但怎么也拉不着。”

或许冼星海从未想过要活得如何伟大，要如何感动别人，他只是一个追逐梦想的孩子，跨越过星辰大海，拥抱属于自己的归宿与荣耀。

扫码观看
纪录片《冼星海》

第四节　麦英豪：考古先贤，文物导师

2019年5月17日，广州市番禺区小谷围街，一座现代化博物馆在热闹的锣鼓声中揭开了神秘的面纱。高挑的屋檐、硕大的斗拱，这一组具有浓郁唐宋风貌的仿古建筑群，是在南汉二陵考古遗址一旁建设起来的。它的筹备、设计及落成，都离不开一位老人数年不懈的坚持与努力。

麦英豪（1929—2016），中国著名考古学家、广州博物馆名誉馆长，广州现代考古的开拓者。麦英豪在60年的考古生涯中，参与了包括南越王墓在内的700多座墓葬的发掘考古，推动孙中山大元帅府纪念馆、东莞海战博物馆的建设，主编出版大型图录、文物考古论著10多部，在考古界被誉为广东四大著名考古学家之一。

2003年被发现的南汉二陵，不仅顺利入选2004年度全国十大考古新发现，还因为奇特的建筑形制以及曲折离奇的经历，被永久载入了中国考古史册。而当时，74岁高龄的麦英豪，依然和许多年轻人一样，工作在发掘第一线。2016年11月28日，麦英豪与世长辞，享年88岁。这位在广州文博系统耕耘了一辈子的“老黄

麦英豪（左）在南越王宫署御花园遗址指导考古

牛”曾自题：“六十年田野考古尽心尽力，一甲子三大发现留与后人。”这是对麦英豪先生无私奉献精神的最好诠释。

一辈子寻找“蕃禺”的记忆

广州虽然是全国首批历史文化名城之一，但位处南海之滨，一直远离政治中心，历代史官对广州的记载非常少。秦始皇三十三年（前214年），秦平定岭南，建“蕃禺”城，这是广州最早的文献记载。秦朝灭亡后，南海郡尉赵佗自立为南越王，定都“蕃禺”。“蕃禺”古城和南越古国，在历经千年风雨之后，都如云烟般飘散在历史的长河中。麦英豪的一生，都力图透过层层的历史迷雾，寻找“蕃禺”的记忆。

麦英豪1929年7月出生于广东省番禺县官涌村（今属广州市番禺区）。自幼家贫，10来岁的他就跟着堂兄麦华三到广州谋生。1953年，麦英豪考入广州市文物管理委员会，开始田野考古工作。这一干，就是一辈子。

从20世纪50年代至80年代，麦英豪与同事一道奔走于广州市郊的基建工地之间，抢救发掘地下文物。这些发掘丰富了广州古代史研究的实物资料，也使广州的考古工作在全国产生重要影响，20世纪五六十年代的广州与西安、洛阳等地一起成为全国“考古发现的重要据点”。

“那时候的考古队只有六七个人，去工地就得踩单车或三轮车，早出晚归，晚上回来时拿着箩筐装着文物回仓库。”原南越王宫博物馆馆长全洪追忆道。

“爸爸和他的队员们都是很刻苦的人，田野考古是很辛苦的，长期日晒雨淋。我们在工地时就见到过他们自己拿着锄头，一锄头一锄头地挖。”麦英豪的儿子麦稼说。

当时，为了培养地方考古人才，原国家文化部、中国科学院考古研究所、北京大学还联合举办了全国第二届考古工作人员训练班，授课的是夏鼐、梁思永、安志敏等中国文物考古学权威专家。这次进修，为麦英豪日后的科学发掘和研究打下了基础。回到广州后，麦英豪和同事开始了大规模的田野考古调查发掘，抢救和保护了大量地下文物。有一天，麦英豪在广州西村的一处工地发掘了一件珍贵的文物——一个印有“蕃禺”二字的漆盒。这个漆盒的出现，从此让“蕃禺”不仅仅停留在史料上，而是有了实物的证据。此时的麦英豪没有想到，还有更大的惊喜，正等待着他。

主持发掘南越王墓和南越王宫遗址的发现

1983年6月9日，时任广州市文物管理委员会副主任的麦英豪接到同事电话：“象岗工地发现一座古墓，是石头建筑，详细情况未明，你赶快来！”麦英豪二话不说，骑上自行车就赶往工地。当他趴在石板上，拿着手电筒伸到石缝底下仔细一看时，不由得大吃一惊。

麦英豪看到的是一件战国年间的楚式铜鼎和几件西汉初年南越国时期的越式陶罐，看来墓主人身份尊贵。麦英豪禁不住兴奋起来：难道这就是考古队寻觅已久的南越王墓?

广州象岗山考古发现的消息很快传到了北京。鉴于广州的重要发现，当时的国家文化部和中国社科院联名上报国务院，请求批准发掘。获准后，国家文物局决定由中国社科院考古研究所、广州市文管会和广东省博物馆三方联合组成象岗汉墓发掘队，麦英豪被任命为队长。

其时，这一重要发现备受国家重视，但最后的挖掘却是由地方考古人员而不是国家级专家来领衔的，这也可见麦英豪的才能受到了国家的充分肯定。

岭南地区有史以来最令人瞩目的考古发掘，很快就要拉开帷幕了。可是，就在这关键的节点上，一场意外悄然降临在麦英豪身上。考古挖掘前夕，麦英豪不小心在马路边的沙井摔倒，几根肋骨都摔断了。倔强的麦英豪不同意住院，在医院处理后休息了几天，马上又找人抬他上工地。

南越王赵眜墓，是岭南地区考古规模最大、保存最完好、出土文物最丰富的汉代彩绘石室墓，在1983年被评为中国五大考古发现之一。在发掘期间，麦英豪就利用各种机会向省市领导介绍宣传它的重要价值。在他的努力下，广州市政府决定对墓室实施原址保护，建立博物馆。

“从一片小小的木桩林，如今变成全世界瞩目的国家一级博物馆，这与麦英豪老人家的辛苦投入是分不开的。”广州市西汉南越王博物馆馆长吴凌云说。

30多年过去了，这座以古墓为中心、依山而建的遗址博物馆，依然是岭南现代建筑的一个辉煌代表。南越王墓的原址保护也在全国树立了典范。2016

年，西汉南越王博物馆入选首批中国20世纪建筑遗产名录。

通过对南越王墓出土文物的考古研究，南越国那些消失在历史长河里的故事，一点一点变得清晰起来。麦英豪等一批考古专家深信，南越国时期的遗物遗迹还有很多被深埋在地下，只等着某一天重见天日。就这样，一晃六七年过去了。

1995年夏天，中山四路一处繁忙的建筑工地内，突然挖出来许多古代青瓷残片，往下，居然挖出好几件南越国时期的“万岁”瓦当。麦英豪闻讯赶到现场，不禁又惊又喜。难道南越国的重要遗址就埋在这熙熙攘攘的闹市下面？他立即提请上级，请求对遗址进行发掘清理。

当时，施工单位由于建筑工期非常紧，不愿意停工。经过协商，对方最终同意让考古队进入工地，进行局部发掘。就这样，在一个不足2000平方米的工地上，考古挖掘和基建施工同时进行。随着发掘的不断深入，南越国御苑石构水池遗址逐渐暴露出来。麦英豪意识到，这个遗址非常重要，不容任何破坏。于是，双方矛盾加剧，一方要保护，另一方要强行挖土，几乎要打起来。

为了保护这一重要遗存，麦英豪紧急飞赴西安，以特邀代表和会议专家组成员的身份参加全国文物工作会议。开会时，麦英豪第一个发言，抢先把发掘现场照片、简讯等相关资料送到时任中央政治局委员、国务委员的李铁映桌前。李铁映同志了解情况后，马上叫秘书打电话给广东省政府、广州市政府领导，提出要依法保护文物。

“如果不是麦老，那个遗址绝对保护不下来，人们绝对看不到今天的南越王宫博物馆。”吴凌云感叹道。

随后，广州市政府决定将工地交由文物部门扩大发掘。很快，考古人员发掘清理出一个大型石构水池，池壁上的石板表面还刻有一个斗大的“蕃”字。几十年的寻觅，终于有了答案，这个石刻的“蕃”字，印证了史实，为“蕃禺”城的位置提供了准确的坐标。

1997年，考古队员又发现了与水池相接的御苑曲流石渠。南越国宫署的建筑遗存，穿透了历史的迷雾，逐渐显露于世人面前。让人诧异的是，这里不仅是南越国宫署遗址，也是南汉国宫殿遗迹。也就是说，广州自秦统一岭南建城以来，城区中心一直没有改变。丰富的古代遗存，证明了2000多年来，广州一直是岭南文化的中心地，也是海上丝绸之路的重要发祥地。

“考古学是历史学中很重要的部分，我们常说，历史这部车有两个轮子，一个轮子是史料，另一个就是考古。很多史料没记载的东西，可以通过考古发掘来填补，对于考古材料的研究，有补史、证史、修史的作用。但是史书上对南越国、对赵佗的记载是很少的，《史记》中仅有2400多字，《汉书》多一点点，且重点篇幅都是在讲汉武帝一朝之后的史实……”全洪说，“不论是南越王墓的发掘还是南越宫署遗址的发现，其实都是在将广州的历史一层一层展现出来，意义非常大。”

中华人民共和国培养的第一批考古学家中的一员

这两次重大考古发掘，都是由麦英豪担任总领队。2013年，麦英豪与容庚、商承祚、梁钊韬一起，入选“20世纪中国知名考古学家”。

“麦英豪老师是中华人民共和国成立以来，我国自己培养的第一批考古专家中的一员，他的成长和成就见证了我国考古事业从无到有的过程，也见证了一代考古人自强不息的精神。”全洪说。

有人说，在广州文化界，有两个人是不退休的，一位是著名粤剧演员红线女，另一位就是麦英豪。从1953年进入广州市文物管理委员会，到2016年去世，他都没有离开过自己的岗位。2003年，为配合广州大学城建设，麦英豪还带着考古队对小谷围进行全面的文物考古调查；发掘南汉二陵时，他几乎天天守在工地，在旁指导。

“他骨子里深藏着对乡土、对历史的热爱，他一生都在为发掘番禺的历史而努力奉献。”广州市文物考古研究院副院长易西兵这样评价道。

易西兵回忆，麦英豪当年和大多数的考古队员一样，穿行在荔枝龙眼丛林当中，爬上爬下，不辞辛劳。即便在70多岁时，老先生仍然会亲自通过南汉二陵中康陵后部的盗洞，顺着竹梯下到墓室里查看哀册文碑。

更多的时候，这位七旬老人和大家一样穿着短裤，下雨时就穿水鞋，不下雨时穿凉鞋、拖鞋，搭着毛巾就进入工地。

南汉是中国历史上第二个定都广州的王国，康陵也是人们至今所发现的五代时期唯一一座布局完整的陵园，是五代史研究中一份堪称孤本的珍贵的实物资料。所以，即便在晚年生病住院期间，麦英豪心心念念的，还是南汉二陵博

建设中的南汉二陵博物馆

物馆的建设，与所有来医院看望他的人，谈的都是工作，谈的都是事业，谈的都是广州文博事业的下一步规划……

2016年11月28日，麦英豪因病逝世，享年88岁。他一生最得意的贡献莫过于主持广州秦汉三大遗址（即秦造船遗址、南越文王墓、南越国御苑和宫殿遗址）的发掘与保护工作。三大遗址的原址保留，既是考古成果，又是留给广州人民的宝贵文化遗产。可以说，他的一生，是为大“蕃禺”、大广州奉献的一生。斯人已去，但其清贫朴素、秉遵真理，终生致力于广州文博事业发展的精神，将穿透时光，永远照耀在“蕃禺”的大地上。

扫码观看
纪录片《麦英豪》

第二章 书画

第一节 高剑父、高奇峰：融汇古今，开宗立派

高剑父（左）与高奇峰（右）

他们自幼失去双亲，家境贫寒，因聪颖好学得以进入艺术殿堂深造，从此一发不可收拾，在群星璀璨的民国画坛开宗立派；宣传革命主张，倡导美育，推行中国画创新，曾被对手讽刺为“不中不西”的“混血儿”；曾成为清末活跃的暗杀义士、中国同盟会最早成员之一，却因不满军阀官僚统治，公开表示永不做官，多次拒绝过国民党及汪伪政府的邀请。

他们是番禺人，是鼎鼎大名的国画大师、岭南画派创始人——高剑父（1879—1951）、高奇峰（1889—1933）兄弟。20世纪20年代，岭南画派崛起于南国，在中国画坛上独树一帜。“二高”兄弟坚持“折中中西、融汇古今”的思想，用画笔打破中国画以往的格局，用艺术革新，用艺术救国，用艺术来为时代服务，他们的故事成为番禺人述说不尽的传奇。

贫苦家庭走出的艺术大师

1879年，高剑父出生于珠江边一条历史文化底蕴深厚的村庄——番禺员岗乡（今番禺区南村镇员岗村）。祖父高瑞彩、父亲高保祥均擅医学、武术，亦能书画。而谁也没有想到，改变岭南画坛的两个关键人物就是兄弟六人中分别排行第四、第五的高剑父、高奇峰。

高剑父小时家贫，曾师从在广州“河南”隔山十香园设馆的居廉学画。求学时，他每日早出晚归，步行10多里路走读，中午空腹候课。居廉为其好学而感动，留他食宿于啸月琴馆半工半读。他爱画入迷，梦中得人指点，醒来点灯，如法炮制，果有长进。他甚至对着蚊帐雨漏渍痕冥思苦想，豁然悟通“撞水”之法，渐而得心应手。

在学习艺术期间，高剑父寓居于家境富有的师兄伍德彝的伍氏万松园，得以遍阅名家望族藏画，结识了不少诗人、画家。

1906年，高剑父结识了日本画家山本梅涯，在他的推荐下，高剑父得以任职于述善小学，东渡日本。

可以说，日本留学的这段生涯对高剑父影响很大。高剑父开始将西洋画透视、明暗等技巧融入国画作品中，并暗下决心要改革传统中国画。第二年，他将深受其艺术主张影响的弟弟高奇峰也一起带往日本学习。

在留学期间，1906年，高剑父兄弟得遇中国民主革命先驱廖仲恺和何香凝伉俪，受其影响，逐渐倾向革命，并加入中国同盟会，成为孙中山领导的同盟会里最早的一批中国成员之一。

经过在日本的学习，高剑父的绘画主张与手法逐渐形成。为了生活，他经常到陶瓷厂、玻璃店参与手工艺品的绘画与制作。随着生活的改善，他终于能够将寄食他人家中、屈为小役的高奇峰接回家中学画。高奇峰曾到日本师从著名画家田中赖璋。为增强高奇峰的自信心，高剑父还数次佯称有人因慕高奇峰之名，愿出资购其画，使高奇峰欢欣鼓舞，更加苦练不已。

一代名师曾是革命义士

高剑父被称颂为一代大师，在大多数人看来，是由于其开宗立派的艺术成就，但鲜有人知，他也曾是那个年代的革命义士。

加入同盟会后，高剑父受孙中山的委托，回到广州，创办了广东同盟会，担任会长。以艺术掩护自己的身份，以通过艺术为革命筹措资金的方式，开始了推翻清政府的革命。

为了宣传革命，高剑父与潘达微等人于1905年9月创办了广东最早的石印画报——《时事画报》，其宗旨是“仿东西洋各画报规则办法、考物及记事，俱用图画，以开通群治，振发精神”。

1909年，在广州河南岸，高剑父还开了一家名为“守真阁”的裱画店和一座“美术瓷窑”。美术瓷窑可不仅仅是一座窑，它是用来贮藏炸弹和武器的。当然清朝的军警也不是吃素的，有所风闻的他们也来搜查过，然而，这些炸弹和武器隐藏得太巧妙了，军警只能无功而返。

清末的革命志士，有一种先秦刺客专诸、荆轲的风范，他们认为通过刺杀清朝的亲王、官吏、将军，可以重创清廷，推动革命。高剑父也受此风气影响，他对曾经刺杀广东水师提督不成的同盟会会员刘思复说：“我们必须成立一个暗杀团，集中力量扫除革命的绊脚石。”于是，1910年，“支那暗杀团”成立。刘思复任团长，高剑父任副团长。“暗杀团”原址设在香港罗便臣道一间寓所内，后因地址泄露，又改租摩士咭23号寓所。入团宣誓时，高剑父立于会场中央，举起右手高呼：“诸位同志，我们成立‘支那暗杀团’，就是为一个目标，铲除清朝鞑虏，推动民主革命……”

1911年4月27日，高剑父亲身参与了黄兴领导的黄花岗起义。起义前，参加的同志都以抓“生死阄”的方式分配任务，高剑父抽到的是“生阄”，担任外围接济和军械运输的工作。虽然抓的是“生阄”，但高剑父也做好了必死的准备。起义打响时，高剑父等在广州城南门外，接应的同志未到，高剑父便强行进城，被清军开枪阻击。高剑父毫不畏惧，攀上屋顶，扔下一枚炸弹。炸弹炸响后，引起清军举枪四射，高剑父右脚负伤，攀瓦离开现场，乔装成小贩脱身。这是高剑父为革命扔出的第一枚炸弹。在以后的革命岁月里，他还亲手制造炸弹，为末路清廷再送一程。

从1908年创办广东同盟会以来，高剑父一直致力于革命事业，曾多次参与反清的暴动，因策划周全、英勇机灵，黄兴称他是“小诸葛”。但即使在紧张的战斗岁月里，高剑父也没有放弃手中的画笔。

1910年，他在广州举办画展，受到文化界人士的关注。1911年11月广东光复后，各军将领争任都督，高剑父率先解散部众，联合诸将领设立“海陆军协会”以控制局面，自任副会长。各军将领共推他为广东都督，他坚辞不就，宁愿投戈从艺，以笔墨效忠革命。

艺术救国曾被讽为“不中不西”

辛亥革命以后，高剑父、高奇峰很大程度上已经脱离了政治生活。虽然通

高奇峰画作

过革命推翻了清政府，但是中国的命运并没有得到改变，由此他们认为，要改变一个民族的命运，一定要改变全民的审美，于是他们开始摸索一条艺术救国的道路。

后来，兄弟二人与陈树人在上海创办审美书馆，并主编《真相画报》，举办新式展览，以各种形式宣传一种新兴的国画风格，可称之为“新国画”。

何谓“新国画”？其实早在1908年，高剑父在广州就推出过一个带有“折中”倾向的“新国画”展。其后，他把一些被认为不能入画的新事物——汽车、飞机、坦克纳入表现主题。这种有悖于传统规范的倾向，理所当然地激恼了捍卫传统绘画纯洁性的传统派画家，他们把高剑父及其追随者称为“不中不西”的“混血儿”。

随着时间的推移，这种新旧的对立，终于在20世纪20年代中后期发展为以高剑父为首的岭南“新派”（也称“折中派”），与以广州国画研究会为代表的传统派画家之间的公开论战。这一论战，考验了高剑父的革新精神，也坚定了高剑父在新的试验工作中追求艺术的新和谐的信念。以高剑父为首的岭南画派，开始以崭新的面目活跃于画坛。

“当时，岭南画派能够以广州为中心，在全国画坛发展成为三足鼎立的一足，跟高剑父的关系非常大。因为高剑父是一个敢于推倒旧的藩篱进行创新的人。”广州艺术博物院宣教委员会主任、副研究员王坚说。

岭南画派其实并不是一个纯粹专注于绘画技术与风格的画坛流派。《广东风物志》曾这样总结道：“岭南画派是近代中国画的一个流派，它随着中国近代民族和民主意识的勃兴而诞生，具有时代的创新精神，是中国画的改革派。”这一概括也许是比较全面的。

在成为职业艺术家之前，“二高”同时具备一个重要身份，都是名副其实的革命党人。在投戈从艺后，他们不仅是国画革新之旗手，还是民主革命的猛士。高剑父、高奇峰、陈树人，这三位岭南画派创始人的画被评价为“志士之画”，这也可以说是对岭南画派作品最为精准的评价。

在此之前，传统的中国画比较保守。高剑父纪念馆馆长、广东省艺术评论学会会长李琰说：“岭南画派主张艺术救国、艺术革新，认为艺术要为时代服务。当时中国画坛沉迷复古，为了摆脱这种现象，融入新元素，他们提出革新中国画来为社会服务。比如，画一只蜻蜓，高剑父就会主张用西洋技法来画出蜻蜓可透视的翅膀，让其看上去栩栩如生，这也可以说是一种‘中学为体，西学为用’。”

艺术造诣“二高”兄弟各不同

作为岭南画派的奠基人，高剑父、高奇峰、陈树人将西洋画中对于环境的渲染、对于意境的表达连同技法的创新，结合在中国画的改造中，形成了20世纪20至30年代以来较为稳定的风格。这种风格经其弟子的传承与发扬，使他们的地位不断得到提高，三人最终成为近代岭南画史上开宗立派的重要人物。

岭南画派三大家在艺术思想上一致，但并不表示他们是艺术风格整齐划一的小群体，特别在后期，“二高”绘画风格的差别也日益明显。

高剑父的山水画气势磅礴，于秀逸中见刚劲，他所画朝阳夕照、风雨晦暝、烟霞云雾之景，生动再现了南国山川的秀丽多姿。而他的弟弟高奇峰作品雄深俊秀，他擅长渲染赋彩，创“泼色”之法。

高剑父擅花鸟、山水、走兽，风格奇拔苍茁；高奇峰写生功夫独到，翎毛、走兽、花卉风格雄壮俊美，把居派的撞水、撞粉技法与西洋水彩画技巧的结合，发挥到淋漓尽致。

据说在作画效率方面，“二高”也不尽相同，高剑父激情澎湃、一气呵成，下笔非常爽快；高奇峰则是反复打腹稿，所以高奇峰的画作精品很多，但是数量不多。

高奇峰在画坛上十分活跃，但不幸的是，1933年，他在上海筹备中国绘画展时旧病发作逝世，年仅44岁。民国政府为他举行了国葬，民国政府主席林森亲自为他的墓碑题写“画圣高奇峰之墓”，称他为“画圣”。

高奇峰在艺术事业如日中天的时候英年早逝，这是岭南画派的巨大损失，更是高剑父难以承受的剧痛。对于这个自己一手调教，带入艺术殿堂，并且在辛亥革命中与自己并肩作战的亲弟，高剑父深为痛惜。

后半生全心扎根美术教育

其实，在孙中山逝世后，高剑父出于对时局的失望，就公开表示过“永不做官”“不问政治”，把精力放在为国家培育艺术英才上。此后，汪伪政府多次邀请他任职，都被他坚决拒绝。

1923年，高剑父在广州创办了名震全国的春睡画院。1929年其弟高奇峰也在广州市越秀区二沙岛自建“天风楼”收受弟子。这两处便是新国画运动的发源地，也是广州早期新型私办美术教育机构的代表。

陈树人由于此时在国民政府内部任职，不方便收受弟子。在弟弟高奇峰去世之后，高剑父便一人撑起了岭南画派的传授。

高剑父的多位弟子称，作为一名师者，高剑父是有情怀的人，他的学生很多来自贫苦家庭。关山月进春睡画院学习时，高剑父受聘于中山大学，关山月是冒名顶替别人听课，后来被教务人员发现，但高剑父坚持留下这个有天赋的学生。高剑父从教多年，挖掘了不少具有艺术天赋的青少年。

正当高剑父艺术事业蒸蒸日上，新国画的理念逐渐深入人心，岭南画派的影响日益扩大时，全面抗战爆发了，日军铁蹄长驱直入，战机和炮火不断地轰炸城市收容所及图书馆、大学等文化机关。高剑父用自己的画笔记录下侵略者的暴行，创作了《东战场的烈焰》。

高剑父中国画《东战场的烈焰》

《东战场的烈焰》是高剑父在听闻淞沪会战的消息后，愤怒而作。这幅画采用了夸张的红色渲染，被轰炸的残垣断壁则是用了素描的概念立体化表现。这幅画的表现方式在那个时代特别新颖，视觉也很直观。

“他的画作就是为了达到这种震撼人心的效果，特别注重气氛的渲染，还会借鉴西方的手法来造型，所以作品问世后便引起轰动。高剑父也可以说是自古以来在国画上表现战争场面的第一人。”李琰说。

抗日战争期间，广州春睡画院的旧址遭到了破坏，高剑父带领学生前往澳门，继续主持“春睡画院”，并组织师生举办抗战画展。他1946年返回广州，创办南中美术院。可以说，高剑父的后半生都是扎根在美术教育中，与其弟子黎雄才、关山月、杨之光等中国绘画大家一起培养岭南画派人才。

“高剑父老师筛选学生只看一条标准，就是绘画基础，如果达不到一定水平，他决不会收。”高剑父的学生郑梅痴说，“他性格很大气，人品高尚，收学生不会计较对方此前师从何门。我跟他学画的那两三年，可以说影响了我一辈子。”

如今在春睡画院的旧址，不仅建立起高剑父纪念馆，还按照原来的样貌复原了春睡画院的几间画室。现在这里也是许多岭南画派研究者和创作者相聚的地方，大家在这里观赏岭南画派的作品，也在这里感受岭南画派的艺术精神。

“一般人会觉得美育就是美术教育，其实美育应理解为审美教育，小到具体事物的审美，大到一个社会价值的构建。”李琰说，“所谓的美育，就是使人有一个正确的审美，帮助形成正确的人生观、价值观、世界观。”“二高”终其一生，一直都在致力于提高国人的美育水平。

1951年6月22日，高剑父病逝于澳门，终年72岁。

大学者季羡林先生说：“在近代中国，在各方面真具有创新精神者，实以粤人能领袖群伦，岭南画派至今誉满寰宇，此非羡林一人私言，乃天下之万言也。”

扫码观看
纪录片《艺术系国魂》

第二节 陈树人：立德树人，胸怀家国

陈树人

20世纪前期是中国美术史上最为绚丽璀璨的时代。作为岭南画派的创始人之一、著名国画大师的陈树人（1884—1948），以自己独特的绘画风格享誉画坛。不论遭遇何种困境，陈树人都对艺术保持着不懈的追求，这深深影响了无数后来人。

关门弟子探索救国之路

1884年，陈树人出生在广东省番禺县茭塘司明经乡。1900年，17岁的陈树人在广州“河南”隔山村紫梨花馆师从著名花鸟画家居廉学画。年轻的陈树人品行端正、外貌俊朗、性格温和，深受居廉的青睐，成为其关门弟子。

所谓“关门弟子”，就是说居廉收陈树人为徒后，便不再收徒了。由此可见，居廉当时是非常器重陈树人的。后来，他还将堂兄居巢的孙女居若文许配给陈树人做了夫人。

陈树人的早期作品，受“二居”艺术熏陶，深得居派艺术的风骨。居廉善于观察草虫生活，眼观手追，摹写精微；居巢是诗人，他的画有书卷气、有文采、有韵味，格调较高。两位老师的绘画风格，对陈树人后来的艺术生涯影响很大。

20世纪初，正是中国历史发生翻天覆地巨变的时代，年轻的陈树人受时代潮流的影响，追求艺术的革新，决心东渡日本学习。

最初，陈树人在京都私立美术工艺学校学绘画。后来，他觉得光绘画还不行，还要学文学，所以又转到了东京立教大学学文学，这也正是陈树人画作里文气、书卷气、诗意浓厚的原因。

在日期间，陈树人成为中国同盟会的坚定拥护者，并于1905年加入同盟会。孙中山对陈树人非常器重，两人私交非常好。陈树人的母亲梁太夫人去世时，孙中山还为她题写墓碑。

从日本回国后，陈树人一直追随孙中山从事民主革命运动，辛亥革命之后他仍然从政。尽管如此，他始终没有放弃过绘画，以“不纯粹”的业余文人画家之名，与高剑父、高奇峰他们不断探索如何用美术改变民族命运，改变全民审美。他们开始摸索一条艺术救国的道路。

“岭南派”之由来

在当时的中国，陈树人与高剑父、高奇峰的绘画风格引起很大的轰动，他们在原有中国画的基础上加入了许多西洋画的绘画技巧。三人商讨，以“岭南人所创的画派”为名创立一个新的画派——岭南画派，简称为“岭南派”。最初高剑父并不同意，认为此派不应局限于岭南，而陈树人则解释：“画派是从岭南创立，并无不得向外发展之意。”终于定名为“岭南派”。正是从这样的精神出发，“岭南派”多注重写生，融汇中西绘画之长，以革命的精神和强烈的时代责任感改造中国画，并保持了传统中国画的笔墨特色，开创了中国现代绘画的新格局。

“辛亥革命之前，中国被列强瓜分，清廷软弱无力，有一部分画家和知识分子明哲保身，只关注自己的艺术爱好，对世事不闻不问。有鉴于此，高剑父和陈树人创办了《真相画报》，希望通过揭露社会的阴暗面，唤起大众的觉悟。这也是岭南画派在理念上与其他一些画派的不同之处，他们突出对于现实的关怀，是为了人生而从事艺术，而不仅是为艺术而从事艺术。”岭南画派大师陈永锵介绍。

正是由于受到东西方文化的影响，在陈树人眼里，中国画要“顺应时代”。必须排除因袭的束缚而“有所改革”。陈树人的画，无论是花鸟还是山水，他都注意到形与色的变革，突出地表现了他的新国画理念——抄生、抄景。在他看来，抄生并不是传统山水画中的临摹古人名迹，而是自己走进大自然中去，记录下自己所看到的景色后，再用中国画的手法将真实的景色展现出来，这样的想法在传统的国画中十分具有创新精神。

1929年陈树人创作了《岭南春色》，在1930年巴拿马万国博览会摘得金奖。这幅名为《岭南春色》的作品，以岭南特有的木棉为代表，画中的木棉像火一样浓烈，红得非常鲜艳，而且花朵很大。古人画木棉主要是画远观的木棉，漫山遍野的木棉花是用红色的颜料点出来的，而陈树人画的是特写的木棉花，木棉花占据了半版甚至全版的画面。木棉花的颜色除了使用国画的朱砂颜料之外，还大量运用西画中的水彩颜料，在他之前没有人用过这样的方式描绘木棉。

广州艺术博物院宣教委员会主任、副研究员王坚介绍："陈树人有一幅很出名的画，画中一只翠鸟停在冬天的柳树顶上，因为冬天来了，柳叶都掉光了，只剩几条柳枝随着寒风摇曳。这幅画作于陈树人政治上最孤独的时候，反映的是自己的处境。这幅画有1.75米长，光是将柳枝的线条拉那么长，就非常考验功力。"

1931年9月18日，日本关东军在中国东北发动了九一八事变，挑起侵华战争。国民党内部派系争斗频繁，心系国家和人民安危的陈树人，在政治上不仅受到打压，连原来不少一起追随孙中山革命的同志，也叛变了革命。这让他感到非常的无助和孤立。

广州美术学院教授李伟铭说："陈树人一生之中，尤其是民国期间所扮演的角色，主要还是一个政治家，其次才是画家。他虽然做着官，但又时常想要回岭南的故乡，乘一叶扁舟飘荡于青山绿水之间。"

家人眼中和蔼可亲的长辈

陈树人一生绘画创作甚丰，留下了数量可观的画作。在热爱绘画的人眼中，他是一位创造画风的大家；在陈树人家人的眼中，他是十分和蔼可亲的。如今，陈树人的孙女陈静芬依然生活在广州，在过去的时间里经常会去陈树人纪念馆帮忙推广，并参加许多纪念陈树人的活动，以此来缅怀自己的爷爷。在她的心中，爷爷把所有的爱与呵护都倾注给了家人。

陈静芬说："爷爷是一个很爱家庭的丈夫、父亲。他对奶奶的呵护和专一真是到了极致，这可以从他的画集里体现出来。他自己比较满意的画作，都是

陈树人画作

落款‘若文内子’。对子女，他从来不会打骂，一直都是以身作则。”

陈树人是一位非常有家国情怀和有家庭观念的人。在工作上，由于长期担任国民政府侨务委员会委员长，他与海外华侨来往特别密切，他希望这些华侨能够和他一样热爱自己的祖国。他工作以外的时间都会回到家中陪伴家人，即使平时外出采风创作时也会带上家人一起。在他的画里经常能看到一对对小鸟，或者是一家子小鸟，这是他对家庭热爱的映照。儿子陈复的牺牲，对陈树人打击非常大。为了缅怀和纪念儿子，他将陈复生前住过的居室（位于广州署前路10号，今陈树人纪念馆）重新修建，并起名为“思复楼”。

陈静芬说，陈复当时是从住处出发，去到仓边路就被（国民党反动派）跟踪，随后被押解去南石头刑场，当晚就被处决了。虽然陈树人自己就是国民党的高官，但当局就是不给他任何施救的机会。“爷爷后来写了首诗，叫作《哭子复歌》，诗中有句‘吾师非吾子’，可见他内心有多么悲痛。虽然那时候爷爷是从仕于国民党，而陈复是为共产党工作，但他依然觉得，儿子也是在为国家工作，是自己学习的榜样。”

作为国民党的元老、同盟会早期的成员，陈树人有一股浩然的正气，为牺牲的儿子作出这首气宇轩昂的诗歌，说明他佩服儿子对时局、国际形势的看法已经超越了作为长辈的自己。1947年，陈树人辞去了国民政府中央侨务委员会委员长的职位，定居广州，专心画艺。

陈树人侄孙陈定聪介绍，大概在1947年，陈树人曾回过一次番禺明经，当地村民非常热情地欢迎他，他曾在敦和书院泼墨挥毫。在村人印象中，他是一个很斯文的文人，穿着长袍，很有修养，讲话不是很大声。然而没过多久，就传来他因胃病去世的消息。

遗愿：将画作捐献给国家

晚年回到广州定居的陈树人，不幸在1948年因胃出血抢救无效逝世。如今，绘画爱好者们有机会欣赏到他的许多画作，都是由于他生前把自己的画作捐献给了国家。从1957年开始，陈树人的夫人居若文按照他的遗愿，选择了80余幅精品画作捐献给国家博物馆，之后又捐献20余幅给广州美术馆（今广州艺术博物馆）。1974年，他的后人又将他的268幅遗画捐献给广东省博物馆。当我们欣赏他画中景象的时候，也能透过这一笔一墨，感受陈树人对艺术的热爱与执着和愿意为艺术奉献的精神。

1987年，在广州市政府的帮助下，陈树人为纪念其子、共产党员陈复而修建的“思复楼”，成为纪念陈树人及陈复的陈树人纪念馆。2017年正值开馆30周年，纪念馆得到重新修缮，还迎来了一系列纪念画展活动，众多画家来到这里用一幅幅画卷传承岭南画派的独特文化。这里也进一步成为人们欣赏岭南画派作品、缅怀陈树人的精神家园。

陈静芬说：“在我的心目中，爷爷无论是在生活还是在工作上，都能体现出他是一个很热爱社会的人，政府帮助建设陈树人纪念馆的原因，就是认为陈树人的品格是值得大众去学习的。”

“树人”系列展，是陈树人纪念馆建馆30周年之际开展的系列活动之一。

陈树人作品《平湖寒柳图》

“立德树人，是我们民族的一种文化自觉，我们把它作为系列展览的理念，是因为我们有义务去传承它。”陈永锵说，“陈树人老师是我们敬仰的前辈，他是一位充满家国情怀的政治家、革命家，也是一位杰出的艺术家。‘树人’不仅是指陈树人的名字，还有培养人才、推荐人才的意思，我们希望有更多年轻人成长为像陈树人先生这样有家国情怀的艺术家，造福社会，传承文化。”

徐悲鸿曾说：“若艺术以人格为出发点言之，则陈树人先生之成功，可谓为世楷模。”陈树人一生追求超然物外，他把人格修养作为艺术的最高境界，将绘画视为一种怡情养性的手段，虽然他没有办学收徒，亦没有像“二高”那样有一群学生与追随者。但是他始终保持着高尚的人格和对艺术不懈的追求，是一个真正的文人画家。他与画为友，让自己对自然外物的感受跃然纸上，在水墨的勾勒中，画尽岭南风光，也画出自己对中国画坛的梦与希望。

扫码观看
纪录片《立德树人》

第三节 关良：戏笔舞墨，画意人生

关良伏案作画

京剧，中华之国粹，自起源至今数百年来，一直活跃在百姓生活中。它在京城的茶楼里，在江南的戏台上，在关良（1900—1986）的戏剧画中。

关良，一位出生于番禺南亭（今番禺区小谷围街南亭村）的岭南画派大师，一个爱戏、入戏、画戏的“痴人”，几乎用一生的时间在追寻戏剧画的精妙与趣味。他在方寸纸间作画，用灵动的笔墨将中国戏剧的精魂与魄力一一呈现。

他是戏剧人物画的鼻祖

关良是中国早期十大油画家之一，又是中国戏剧人物画的开山鼻祖。然而，不少人有疑问：“关良的画有什么好？看着像小孩子画的。”可是连郭沫若、茅盾、老舍等大文学家都为关良题画“点赞”。1956年，中国近代杰出画家李可染带着关良去拜会中国近现代绘画大师齐白石，93岁高龄的白石老人为关良画了两幅画，画跋写得极其谦虚：“良公老弟同道，九十三岁白石璜请讲。”同年，关良在京举办画展，李苦禅等中央美术学院国画系的学生前去赏画，有学生问：“画家为什么不把人体画得更得标准些？”李苦禅说：“良公画法叫作‘得意忘形’。”后来，郭沫若参观画展，回答青年美术工作者的提问时说：“关良就是关良派。”并说，关良的画有的人看不懂，这正体现出他的高明之处，“画都懂就坏了”。这还是国人的说法，外国人呢？德国人主动为关良出画集并付予丰厚稿酬，中国画家能得此待遇的，仅有齐白石和关良。显然，关良的画自有其超人的艺术魅力。有评论家说，关先生的画，有童真之趣，不做作，大巧若拙，这种童趣不是装的，是自然而然流露出来的。

1900年出生在番禺南亭村的关良，3岁时便进入私塾读书，9岁转入广东南强公学。那时的他已经表现出了异于常人的艺术天分——喜欢收集图案各异的洋烟盒，并照着图案描摹。也许他自己也没想到，就是这些小小盒子为他打开了一扇神奇的艺术大门。

关良在番禺的童年时光是短暂的，由于家庭经商，11岁时他便随父母搬迁到了南京。而此后的一生，关良都定居在了江南水乡。但关良对于番禺的记忆却一直留存着，即使在后来几十年辗转漂泊的岁月中，他也曾多次回到番禺，感受这片岭南故土的炽热与温情。

“关良对番禺的感情很深，在他很多画作上的落款都是‘番禺关良’。1977年春节，关良曾想回番禺，但当时交通不便，没有达成心愿。1978年，他念想没断，当年的春节就是在广州过的。”中国戏剧人物画研究会理事、关良画作收藏家罗立火说。

窄街深巷、青砖绿瓦、古朴静谧，庭院里仿佛还能看见关良孩童时描摹洋烟盒的场景；而今，这里已经成为番禺区登记保护的文物单位——关良故居。

一边是柔情似水的江南，另一边是炙热多情的岭南。相距甚远的两个地方，如今因为关良有了微妙的联系。

在南京生活的那段时间，是关良接触戏剧的开端，也是他未来专注戏剧人物画的重要契机。那时的关良，只要一有空就会跑到戏院看戏。小小的舞台、铿锵的台步，每一个婉转蛾眉、轻盈体态，都深深吸引着关良。他因此爱上了戏剧，并尝试着用自己稚嫩的双手将这些有趣的人物画下来。

远渡国外学绘画　将传统融合

1917年，17岁的关良跟随家兄东渡日本留学，他放弃了热门的化学专业，而选择了绘画艺术。这时，他才算是正式开始接受系统而理论的绘画教育，这也为他后来的绘画之路奠定了坚实的知识基础。

关良是第一批去日本留学的中国早期油画家，也是第一个把印象派绘画引到中国来的人。他师从藤岛武二和中村不折，藤岛武二是日本印象派绘画第一人黑田清辉的学生。

由于之前从未受过系统专业的训练，关良与其他学生之间存在很大差距。深知这一点的关良，开始了他日复一日刻苦的“追赶”之路。在此后几年时间里，住在仅6张席子大的居室里，每天练习绘画用去2尺厚的画稿，成了他的日常状态。留学期间，他每次参加素描竞赛都是第一名。他扎实而深厚的写实主义绘画基础，就是在留日时期打下的。

在留学期间，关良广泛地了解到了西方各大画派的名家作品和绘画技巧，其中他尤爱梵·高、高更、塞尚的作品，喜爱印象派的炫目色彩，偏好野兽派的画作风格，而这都为他打开了更广阔的绘画天地。

在研究过西方各种流派的美术作品后，关良深感路是人走出来的，流派是从实践中闯出来的，于是决心走自己的艺术道路，努力探索新的表现手法。

1923年，在掌握了扎实的西方绘画技艺后，关良毅然回国发展。彼时的他只有23岁。他在吴昌硕、齐白石、黄宾虹、刘海粟、潘天寿的影响下开始学习中国画，最终形成了以中国艺术精神为旨归、融合中西技艺的风格特色。

凭着在绘画上的一技之长，关良陆续在上海神州女子学校、上海美术专科

关良作品《天霸拜山》

学校、上海艺术大学等美术学校执教。教课之余则挥洒笔墨、广交益友。关良为人品德高尚，作为一位著名的先锋绘画艺术家，他与很多其他领域的艺术家都有交往，同茅盾、郭沫若、叶圣陶、陈方物等人的交往尤深。

“中国传统戏剧人物绘画始于关良，他的戏剧人物画最大的特点就是绘画人物的状态很阳光、很活跃。”罗立火说，“观赏者欣赏关良的绘画，需要具备与他对等的艺术素养，需要懂音乐、懂戏剧、懂西方绘画史、懂中国画。一般人从关良的画作上看不出有西方绘画的痕迹，但真正懂西方绘画的人都知道，它里面含有西方绘画的元素。”

广州画院院长方土说：“关良当时学的是油画，通过油画，他找到了一种状态，而通过中国传统绘画，他又找到了一种方法。他将自己对线条的理解和对墨韵的理解结合在一起，造就了独特的艺术成就。”

他继齐白石后被编入“世界美术丛书”

和所有命运多舛的艺术天才一样，关良也经历了坎坷、艰难的人生阶段。他一生历经北伐战争、抗日战争的颠沛流离，在中华人民共和国成立后也遭遇了几次“运动”的劫难。

但是即便如此，关良对于绘画的热情丝毫不减。在物资紧缺的情况下，关良拿起了毛笔和宣纸，画起了线条简约而又趣味十足的人物画，而这便是关良水墨戏曲人物的开端。

在对艺术逾半个世纪的孜孜追求中，关良一直认为中西绘画之间的各种隔阂可以被打破，只要有扎实的功夫，就一定能随心所欲地进行创新。

无意的尝试，让关良重新找回了童年时对戏剧的记忆，从而一发不可收拾地爱上了这种中西混合的绘画形式。

将繁杂的技巧抛却，貌似儿童画，一派天真纯朴，凝练而简约，寥寥几笔就将戏剧中的人物神态描摹成趣。这样高深的技法自然离不开关良深厚的绘画修养，但最重要的还是来自他对戏剧深入骨髓的热爱与痴迷。

“在将对戏曲人物的理解融入中国画方面，关老是最到位、最有味道的，他有深入地去体验生活，研究戏曲。”方土说。

关良是一个戏迷，也会自己登台唱戏，会表演，爱表演，把戏“入骨”了。20世纪20年代他任职于上海艺术大学时，就曾在课余拜师学戏，甚至自购髯口、马鞭、靴子，揣摩戏中人物的眼神、手势、身段等，学懂了多种曲牌，掌握了各个行当的特点，由此增加了戏剧人物画创作的生活积累。

在抗战胜利后的一段时间，他还向名演员盖叫天学戏，两人相互砥砺，成为艺术上的知音。盖叫天常到关良家里让他画哪吒、武松等戏剧人物。这时盖叫天会摆出架势，示范各种动作，让关良抓取最能展现人物性格的瞬间画入作品中，由此，关良真正地画“活”了剧中人物。

戏里戏外，戏画人生。融入骨子里的热爱，让戏剧人物在关良的笔下再次拥有了灵魂。而他创造的水墨戏剧人物画，亦成为中国绘画史上浓墨重彩的一笔。

正因为他的绘画具有鲜明的个性，很多人不用看落款，一看画作本身就知道这是关良所画。

1942年，关良在成都举办水墨戏曲人物展，他融汇西方绘画技法和国画风格于一体的作品得到了大家的喜爱和赞美，这对关良而言，是莫大的鼓舞和肯定。而圈内友人郭沫若更直言关良的戏剧人物画是“别开生面”的尝试，是“新颖可喜”“笔意简劲”“气魄、声容活现于纸上”的惊异之作。

1956年，当时的国家文化部在北京举办关良画展，观者如潮。梅兰芳认为，关良的戏剧人物画“有一种魅人的艺术感染力量”。1957年，关良与李可染在德国柏林举办双人画展，莱比锡出版公司为他编选出版了一本德文版的戏剧人物画册，他由此成为继齐白石之后被编列入“世界美术丛书”的第二人。

“番禺关良”情牵故土

以“少少许胜人多多许”，看似不经雕琢、寥寥几笔的线条，却深藏匠心，大有趣味。无论是那微醉而倾身的杨贵妃，还是粗鲁而憨猛的李逵，每一个人物都精妙传神，玩味十足。

然而，在那个画作流行大制作、大尺幅的时代，关良盈尺之间的“小”画作未免“寒酸”，失了大气。而20世纪80年代的国画大师方召麟也曾断言，关良的画要30年后才会受到认可。

如今看来，确实如方召麟所言，关良的画“火了”。关良从鲜为人知的画家一跃成为顶级收藏家追捧的对象。他的画从被低估、轻视，到现在的十几万一尺、上百万一幅，关良的才华与价值终于被世人所认同与接受，人们也因

关良故居

此记住了这个生在番禺，长于江南的岭南画家。

晚年的关良，依然精力充沛，能唱戏、写字，也依旧爱画画。而那时，他画作的落款却由“关良”变成了“番禺关良”。

虽然大半生都定居在上海，但这一小小细节却透露出关良对番禺故乡的眷恋与深情。这份由多年的漂泊流离而生出的依恋，也让“番禺关良”成为他的画作流传后世的重要印记。

回顾关良的一生，懂戏、爱戏、入戏、画戏。出入于传统，取经于西法，到最后却抛繁入简，偏爱拙稚与率真。

关良在绘画史上，只身一人开辟出了一条奇趣而独特的艺术之路，而这种敢为人先、开拓创新的精神，正好与广东敢闯敢拼的创新精神不谋而合。也许，这正是关良的独特之处——与生俱来的要强与创新，深入了他的骨髓，也融入了他的绘画中。

戏剧的华美、中国画的写意、西方现代绘画的夸张变形，都在关良的画作中得到了体现，而时间也向世人证明了关良是番禺的骄傲，也是广东的骄傲，更是中国绘画艺术史上不可多得的闪耀明珠。

扫码观看
纪录片《人生戏梦》

第四节　麦华三：心正笔正，德艺双馨

他曾应时任国家副主席刘少奇之邀，用麦体小楷书写中华人民共和国第一部宪法；街坊们最为熟悉的“番禺宾馆”“广州友谊商店”“太平馆西餐厅”等招牌也都出自他手。他创造了书坛公认的“麦体”，学书法的人，多多少少听过他的大名——麦华三（1907—1986），但是，却鲜有人知道麦华三是番禺石碁镇官涌村人，他令人钦佩的学养与风骨，至今仍滋养着一代代官涌儿女。

麦华三正在为孩子们示范书法

从番禺农家走出的书法大家

番禺官涌村茂生小学，天真烂漫的学生正在上着书法课。吕志强老师问道："我们这里出了一位著名书法家，同学们知道是谁吗？"同学们齐声回答："麦华三……"

麦华三这个名字，是岭南书法史上的一座巍巍丰碑，是著名的书法艺术家、理论家、书法教育家。而在孩子们心目中，这些名号远不及一句"麦华三爷爷"来得亲切自然。

孩子们使用的书法教材，是麦华三精心编撰的《楷书基本功》。孩子们的老师也是麦华三的得意弟子之一、著名书法家吕志强。在按、提、顿、收中，一支笔、一点墨就构筑起一座时空桥梁，让孩子们与大师对话，与智者交流。

中国书法以笔法、线条、结构、章法成为独特的视觉艺术，被誉为"无言的诗、无形的舞、无图的画"。麦华三虽然家境贫穷，但是童年生活依然闪着希望的亮光，他自小便醉心翰墨，日练不辍。

麦华三懂事得很早。1923年，16岁的他在位于海珠桥脚福仁东街的家中，开设"南华补习学校"帮补家用。"南华补习学校"后更名为"华三学校"。

藏书遭洗劫一空　却意外名震海外

在广州大学求学期间，麦华三就已经在书法理论界崭露头角。然而真正让他名扬海外、被日本人尊称为"中国美术史家"的，却是一本没有正式发行的《古今书法汇通》。

《古今书法汇通》概述历代书法源流演变，上溯殷代甲骨、周代钟鼎、秦汉篆隶，下至晋唐历代名家法书，都摹印范本，并加以精辟的说明，凝聚着麦华三数年的心血和睿思。当时他贫病交加，连出书的钱都没有，不得已将石碁镇官涌村的十几亩祖产薄田变卖。

1937年，《古今书法汇通》出版后，大部分书册被存放在海珠桥脚福仁东街的家中，并未正式发行。1938年广州沦陷，麦华三避难香港、粤东等地。抗战胜利后，麦华三回到家中。打开家门的一刹，他整个人愣住了：家中所藏书物全部无影无踪，所著《古今书法汇通》也荡然无存……原来，日军将麦华三家中的所有书籍全部扫荡一空，一张纸不留，全部运回日本。

麦华三望着自己空无一物的家，忽然有一种“简兮简兮，方将万舞”的感慨，所以把自己的家取名为“万简楼”。“万简”，意思再明白不过，什么都没了，所以一切从简。

但是《古今书法汇通》这本书到了日本后，却引起了日本学术界、书法界的震惊，这本书后来甚至被作为日本小学的书法教材。“他们很惊讶，没想到在当时中国的这种状况下，竟有一些人还沉得住气下功夫，做出一本这样的书。”吕志强说。

中华人民共和国成立后，中日文化交流渐开。1957年11月，中日书法第一次交流展在东京开幕，麦华三有两件书法作品入展，引起轰动。20世纪60年代，时任广州美术学院副教授的麦华三被下放至英德干校劳动。忽然有一天，他得到通知，日本书坛名家西川宁、梅舒适访华，专程到广州拜访他。

“这批专家来到中国，第一站是北京，第二站是上海，第三站是广州。专家指明要找两个人，麦老师就是其中之一。”吕志强介绍道。

书法理论技艺超群　获邀抄写宪法

这一次中日交流之后，麦华三写的一副对联“华堂春暖，三岛书香”，说的就是这一段往事。那么，日本人为什么如此推崇麦华三？为什么麦华三会被称为书法理论家？因为麦华三的许多著作都开风气之先，《汉晋木简对书法史之贡献》《汉晋木简编年》开汉晋木简研究之先河，《岭南书法丛谈》揭地域书法史研究之序幕。大收藏家叶恭绰就曾经这样评论过麦华三的书学：“独标卓识，而不囿于前人也。”

中山大学教授陈永正这样评价这位大家：“麦华三先生是我很尊敬的一个学者、书法家。为什么先把学者的头衔放前面呢？因为在我心目中，麦华三先生首先是一个学者，然后才是一个书法家。当前很多人，甚至包括书法界、学术界的人都不知道，麦先生的书法理论，在广东是第一流的。”

叶恭绰，番禺人，中华人民共和国初期中央文史研究馆副馆长，是20世纪中国一位叱咤风云的传奇人物。麦华三曾在香港、韶关等地举办过数次书法展览宣传抗日，他炽热的爱国之心、浓郁的桑梓情怀，让叶恭绰非常感动。1958年，中华人民共和国第一部宪法颁布后，国家政务院相关领导找到叶恭绰，让

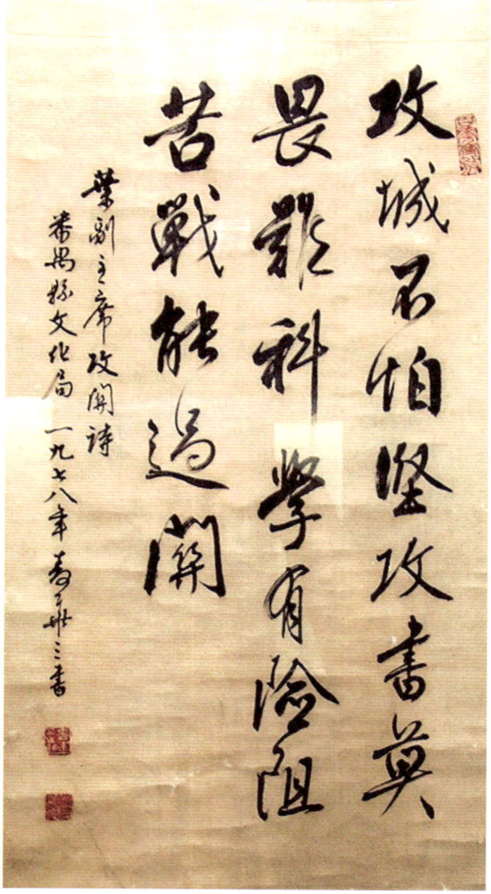

麦华三书法作品

他推荐一名擅写小楷的书法家来抄写宪法，叶恭绰毫不犹豫地推荐了麦华三。

麦华三堪称书法名家，是因为他创造了书坛公认的“麦体”，而楷书就是麦体书法的代表字体。麦华三的小楷，取唐碑为结字框架，取汉晋木简及钟繇楷书的古朴，以雅润绰约的二王小楷为基础，虽面貌多样，但刚柔并蓄，拙雅相融，自成一派，在近百年来的书法史上留下了精美的一笔。

吕志强评价道：“上下三千年，纵横二百家，他都涉猎过、临摹过，所以他做到了融会贯通，形成现在大家看到的‘麦楷’。”

20世纪70至80年代，书法家麦华三的大名蜚声中外，前来求书者络绎不绝。广州市民最为熟悉的“番禺宾馆”“广州友谊商店”“流花宾馆”“太平餐厅”等招牌，就出自麦华三之手。即便在粤港澳、东南亚等地区，我们依然可以在大街上看到这种雍容宽博、风姿秀丽的招牌大字。

免费教授　用行动书写人生

广州市海珠区福仁东街，是麦华三故居万简楼所在的地方。如今，这里已旧貌换新颜，而在几十年前，这里还是一座简陋的民居。在麦华三书法风靡广东书坛之时，万简楼就是众多书法爱好者心驰神往的艺术天堂。时光荏苒，万简楼虽然改了颜貌，但被众多前来求字求学的客人踏得“呀呀”作响的木楼梯，依然留在人们的记忆深处。

在麦华三的三女儿麦玉琼的记忆中，万简楼在每个周末都是拥挤的，因为无论男女老少，无论贫穷或富裕，只要来者是真心拜师学艺，麦华三都不会拒绝。“麦老师（爸爸）一般在周末上课，他坐在讲桌前，前排的人坐，后面的人站，再后面的人站到凳子上，甚至楼梯上都站满了人，听课的人要爬凳子才下得了楼梯。”麦玉琼说。

麦华三对诚心求学者，不但不收任何报酬，还提供免费的学习资料、书帖，以资鼓励。在物资极其匮乏的年代，一张书帖、一支毛笔、一方端砚，都显得那么珍贵，无不代表着麦华三对学生的殷殷期望。

吕志强从1972年开始跟随麦华三学书法，他说：“麦华三老师一点架子都没有，非常和蔼可亲。回想起来，当年我们似乎就是一味地在麻烦老师而已。一日为师，终身为师，我们作为学生，一生一世都从他那里不停地汲取营养。”

麦华三教育学生以艺德为先，他认为学好技艺首先要学好品德。“心正笔正”和“书为心画”是麦华三日常最喜欢使用的闲章，为篆刻名家黄文宽所赠。“心正笔正”可谓他最好的人生写照。他经常跟学生强调，人品和书品要合二为一，“重气节、重学问、不求闻达”。

弟子夏国泉追忆：“麦老师曾对我说，学艺德为先，一个人不管艺术成就多大，首先要学好品德、学会做人。麦老师是这样要求学生的，自己也是这样做的，所以‘心正笔正’，是麦老师最好的人生写照。他教学生就一个心愿——将中国的书法遗产传承下去。”

麦华三不仅把自己的家当成课堂，还经常到基层、工厂、学校、农村讲授书法。在珠江三角洲，尤其是家乡番禺，常常可以见到他教学授课、泼墨挥毫的身影。

心系家乡　传承优秀书法文化

茂生纪念学校一度是石碁镇官涌村的地标。当年若不是麦华三的极力争取，这座由香港富商高可宁捐资兴建的小学，可能就另择他处了。即便自己功成名就，麦华三心心念念的，还是家乡的教育事业。

近年来，石碁镇积极打造麦华三和爱国武术家黄啸侠“一文一武”的文化品牌，深入推广麦华三书法文化。2014年、2015年，石碁镇成功连续举办了两届“麦华三”杯青少年书法大赛。2017年，在麦华三110周年诞辰之际，石碁镇举办了首届“麦华三”杯全国书法篆刻大赛。此举得到全国各地书法家及书法爱好者的热烈响应。大赛不仅弘扬了“麦体”书法，传播了优秀中华传统文化，还宣传了番禺近些年的发展成就，擦亮了本土文化品牌。

番禺区石碁镇宣传委员梁绮华介绍，“麦华三”杯全国书法篆刻大赛，组委会一共收到了6000多幅作品，这些作品既有来自本土的，也有来自海内外的。

虽然麦华三在比较早的时候就离开番禺，但是他的故居、他的精神一直都在。2017年12月9日，一座古朴庄严的三层小楼在麦华三故乡官涌村落成，这是

麦华三故居一景

麦华三后人捐资筹建的华三书院。华三书院启用后，成为岭南书画家交流、创作、展示作品的平台，培养青少年人才的基地，同时对岭南书画家以及书法爱好者免费开放。

时任番禺区文化广电新闻出版局局长何穗鸿介绍，官涌村打造华三书院，可以说是集多方力量而成。第一是麦氏家人的无私奉献；第二是官涌村的支持，华三书院的建设，除了得到官涌村委的支持，也得到了村民的支持；第三是石碁镇委、镇政府的鼎力相助。

石碁镇还大力开展麦体书法专项培训活动，编写镇本教材《麦体书法教程》，成立麦华三书法学堂，举行麦华三书法作品展，开办暑假公益书法培训班，让群众更直观地接触、传承麦华三书法文化。

华三书法学堂免费为书法爱好者授课已经坚持了几年。每个星期日的上午10点，就有一些书法爱好者和小学生来学书法。

“红棉初吐艳，壮哉万里游。滇池明月上，俯仰大观楼。”这是1983年，麦华三写给弟子吕志强的一首诗。麦华三爱竹，爱水仙，更爱红棉。茂生小学校园内生长着一棵上百年的红棉树，如今正绽放着时代的芳华，正如数十年前麦华三回乡时见到的那般鲜艳、热烈。

扫码观看
纪录片《卓然书法大家——麦华三》

第三章 民居

第一节 黄省三：仁心仁术，一代儒医

2015年10月5日，在瑞典卡罗琳医学院，中国女科学家屠呦呦荣获诺贝尔生理学或医学奖，她发现的青蒿素这种治疗疟疾的药物，在全球挽救了数百万人的生命，被誉为是传统中医药送给世界人民的礼物。

诺贝尔奖为屠呦呦加冕，使得中国传统中医药文化受到全世界的瞩目，证明了中医药的科学性及其价值。屠呦呦从中医学中发现青蒿可治疟疾，再结合西医知识提取出青蒿素，她强调中西医结合，从而更好地为人类健康服务。青蒿素的发现，是中西医结合的里程碑，然而早在将近100年前，在岭南大地，就已有先行者倡导中西医结合治疗。

100多年前，中国在中日甲午战争中战败，陷入被瓜分的狂潮，社会兵荒马乱，卫生条件落后，传染病患病率在民众所患疾病中居首位。在广东番禺的一个小镇——化龙（时称细墟），一场瘟疫凶猛来袭，一名17岁的乡间少年临危受命，毅然肩负起为乡亲们治病的重任。这个少年便是后来名扬省港的医师黄省三（1882—1965）。

苦命少年 自学成医

黄省三是番禺化龙人，清光绪八年（1882年）出生于一个乡村医生家庭。他幼年时常随父亲上山采药，耳濡目染，本可以继承父业，不料在自己12岁那年父亲与世长辞，留下贫寒的家和几箱中医古籍。

13岁起，黄省三便在一个乡间当铺打杂以维持生计。每晚当铺关门之后，他便在铺中挑灯研读父亲遗下的一本本线装医书。皇天不负有心人，黄省三终于在17岁那年一鸣惊人。

那一年，适逢瘟疫凶猛蔓延，束手无策的乡里长辈知道黄省三每晚攻读医书，便试着让他为乡亲治病。当铺老板在当铺侧门摆上一张台，便成了黄省三的第一个医馆。他细心诊察，灵活运用所学医学知识，竟能药到病除，以至方圆几十里乡亲纷纷前来

塘头村位于化龙镇，是化龙镇有名的文化村落，村中曾诞生过春满杏林的岭南名医黄省三、物理学家黄巽等多位名人

就医。瘟疫得到控制后，黄省三声名鹊起，从此踏上职业医师之路。

医术精湛　名噪省城

凭借着勤奋和过人的天赋，1897年至1910年间，黄省三在家乡做了十余年乡间医生，积累了丰富的经验，他的医术越发精湛，求医问诊的父老乡亲络绎不绝。此时的他，决定离开番禺，前往广州这个繁华的都市。

西横街，人来人往，这里是广州北京路南段的一条老街。1910年，黄省三离开番禺后，便在这里开设了医馆，名为“黄崇本堂”。

近代中国社会医疗条件很落后，多种病症，尤其是传染病发病率很高，且有季节性，患者患病同时还会伴随多种疑难杂症，如风湿性心脏病、慢性肾炎等慢性病。黄省三擅长医治流行性传染病，他结合岭南草药治好了许多患者。

不仅医术精湛，黄省三对待病人亦如同亲人一样，他耐心倾听病人及家属诉说病情，向他们细说病理，复诊时往往对病人病历了如指掌。对于经济困难的病人，他不但分文诊金不收，还自掏腰包与药店结账。不同于其他医生喜用贵重药物，他善用一味“老桑枝”，价廉又具疗效。一时间，黄省三名噪省城，他的医馆门庭若市，求医者络绎不绝、殆无虚日，许多官绅名流、海外名人皆登门求医，黄省三也积累了不少的财富。

逃亡香港　勇破桎梏

20世纪20年代，军阀盘踞广州，社会混乱，民不聊生。1924年末，黄省三得到消息，有人准备打劫勒索。于是他带上家眷连夜离开了广州，来到香港暂时躲避，本来就想着在香港住一段短的时间，没想到这一住就是30多年。

黄省三逃亡香港，意外迎来了人生的一大转折点，为他的医学世界打开了新的大门。

英国从鸦片战争开始对香港进行殖民统治，客观上带来了先进的西医医学体系。黄省三的前半生一直潜心研究中医，到香港后他很快认识到西医的重要性，西医注重临床和科学化验，这恰巧是中医所缺失的，他很快便投身于西医的学习中。

当时很多医书都用日文书写，于是他自学日文，阅读细菌学、诊断学、外科、内科、儿科等方面的书籍。他还决定自己研究西医学的科学法，从德国订购了一台显微镜以及其他医疗器械，聘请了两个人来教自己使用。除此之外，黄省三还养了很多豚鼠，用来做医学实验。

广州中医药大学教授刘小斌说："白喉、麻疹等传染病在当时很流行，黄省三治疗这些病症有自己的一套方法，他会请西医来辅助做显微镜检查，治疗肾病、血尿、蛋白尿等。经过他的治疗，许多病人的指标变成了阴性。他们得到治疗后能够明显感受到，这位老中医确实有着现代的医学思想。"

黄省三用西医的科学手段辅助诊疗，结合中医的理论，为病人开方施药，这使得他在传染病领域取得了很大的突破。

在那个闭塞的年代，有部分中医故步自封，对西医的理论嗤之以鼻，而此时的黄省三已经意识到中西医要有机结合，这样的思想在当时是极具超前性的。这也为他日后著书立说奠定了基础。

"他在20世纪40年代就开始著书立说了，第一本书就是有关流感的。当时流感在西医上是没有药可以医治的，治流感还是要靠中药。黄省三在对流感进行辨证分析后写了一本书，总结出五条方，将其命名为'黄省三治疗流感的有效汤方’。20世纪40年代末至50年代初是黄省三在香港的鼎盛时期，他的书全部是在介绍实验新疗法，他会结合西医的理论去进行病症诊疗，所以他的思维是符合当时香港实际的。”刘小斌说。

黄省三的所有著作，其书名后缀均带有“药物新疗法”或者“实验新疗法”等字样，著作目录有病理解剖、临床病象等，他的处方单中药物分量往往精确至几两几钱。黄省三带着西医的严谨态度和科学精神，在肾炎、肺结核、急性阑尾炎、流感、白喉等领域开中西医结合治疗的先河。《流行性感冒实验新疗法》一书在香港一经推出，很快便售罄再版。

落款——番禺黄省三

中华人民共和国成立之际，百废待兴。由于时局的变迁，国家需要从海外召回一批名医，时任广东省委书记陶铸了解到黄省三后，亲自邀请他从香港回来，参加国家的建设。

1955年6月10日，黄省三到达广州。“中华人民共和国成立以后，父亲就一直向往着有朝一日能回到内地，因为只有回去，他的中医药研究才能发扬光大，所以，他才毅然放弃了在香港的享受和名誉。”黄省三的小儿子黄卓雄说。

黄省三曾在书中这样写道：“本人归国服务之念，长不去怀，幸承广东统战部派员到港邀请归国，本人得此机会，喜不自胜，尽心竭力为人民服务。”他说：“我不求富贵利达，淡泊自甘。”

黄省三回广州后，先在华南医学院（今中山大学中山医学院）担任教授。但那时的中国太落后了，偌大的广州，竟然没有一间中医学院。黄省三因此时常感到忧虑，中医文化该如何传承下去？

“第一，他（黄省三）想到通过教育来培养人才，于是参与筹办了中医学院，他编的书成为西医学习中医的参考文献；第二，他认为临床是根基，非常重视临床实践；第三，他倡导科学研究，强调实验，让中医药进入科研领域，经由番禺，他把自己所学带到了全国。”黄卓雄介绍道。

过去中医诊病手段笼统，难以进行系统化的教育学习，一直饱受诟病。黄省三创新性地加入西医的科学手段，强调实验、临床和科研，突破了数千年的封闭传统。

伴随黄省三从香港回来的，还有50箱价值不可估量的中医古籍。黄省三一生嗜书如命，学贯中西，藏书无数，回国后他将毕生的藏书全部捐献出来。如今广东省中医中药研究所资料室里存有上万册的书籍，其中三千多册都是黄省三捐赠的中医古籍。

中华人民共和国成立之际，百废待兴，有关医学的文献资料严重匮乏，这些古籍医书囊括了中西医多个领域的学科，有医学、药学、解剖学、细菌学等，还不乏国外医学著作，成为岭南中医药领域的一个宝库，对岭南中医药发展有重要贡献。“这些中医古籍学术价值很高，什么类型都有，还有一些是手抄本，非常难得，在国内比较少见。”广东医学图书馆副馆长唐丹介绍。

对于捐赠之事，黄省三在接受采访时曾谦虚地说：“几十年来，一事无成，只成了一个书呆子。”

儿子黄卓雄回忆，父亲一生最大的兴趣就是买书和看书，当他在1955年离开香港的时候，光是他摆书的地方都有一千尺长。黄省三认为，只有将书捐出去给有关部门，才能发挥它们最大的作用；还有一些书是已经绝版了，这些书只有在国家保护之下才能发挥它们最大的作用，才能保存得更好。

在黄省三心中，医学不仅是营生的技能，还是报效祖国的方式，他将先进的医学理念和医学知识带回祖国，以医报国。

“黄先生捐赠的中药古籍里有不少经方，20世纪50至60年代，这批赠书放到资料室后，很多药厂的技术人员都来这里查阅资料，提炼研制新方剂，实现了‘古方新用’。王老吉、夏桑菊、川贝枇杷膏，这些都是在古方的基础上提炼出来的，直到今天这些中成药依然很受欢迎。”唐丹说。

值得一提的是，黄省三在每一本捐赠的中医古籍中的落款都是“番禺黄省三”。在他的心目中，家乡是无法割舍的名字，这种落款似乎是他在一次又一次提醒自己，自己的根在番禺。

慷慨儒医　悬壶济世

黄省三不仅慷慨豁达，还是个儒医，一生之中对穷人施医赠药无数。

“先父对于病人不论贫富都以礼相待，病人看完病后，他一定会将对方送到门口，等病人离开后，还要给病人鞠躬才关门。如果病人经济上有困难，他是不收病人诊金的，有时候还自掏腰包付药费。只要有人来找他，他都会给对方看病。”黄卓雄回忆道。

时至今日，曾经找黄省三看过病的黄沛依旧难忘他对待自己时谦和的态度。黄省三名扬省港，连孙中山也曾找黄省三看病，但他一直保持着一份医者的悲悯心，不论贫富贵贱，皆一视同仁。

“父亲的毅力和作风对我影响很大，我从小就对中医药有很大兴趣，他一路引导我，所以我也像他一样，把行医作为自己的终身职业。”黄氏三代从医，黄卓雄是黄省三的小儿子，如今在香港是一名注册中医，在他的医馆里，至今仍然挂着先父的相片和字画。

从20世纪起就运用西医实验方法诠释中医的临床疗效，黄省三一直走在前头。“他既是在用中医学习西医，又是在用西医学习中医，可以说，他是中西结合的临床践行者。”刘小斌说。如今，在广州中医药大学里，有一面长约100米的“岭南名医壁”，上面镌刻的10位人物，皆是岭南医学史上有突出贡献的医药学家。黄省三的壁画旁就刻着八个字——“实验疗法，中西合璧”。

中国中医药文化，凝聚着中华民族几千年的医学理念及其实践经验，是老祖宗留给我们的宝贵财富，是取之不尽的宝库。

杏林春暖，橘井生香，在岭南大地，曾有一位仁者医师，冲破中西医的藩篱，他博采众长，贯通古今，以科学精神推动中医与西医互相交融，为岭南中医药学开创了新的篇章，他就是省港名医黄省三。

扫码观看
纪录片《省港名医黄省三》

第二节 梁俭光、梁翕光：侠肝义胆，革命医者

梁俭光（左）、梁翕光（右）

番禺区石碁镇塱边村，是一个户籍人口不过千，面积只有0.82平方千米的小村庄。容庵梁公祠就坐落其中，它既是全村梁姓人的宗族祠堂，也是走出了梁俭光、梁翕光等一批革命医者的摇篮地。如果不是革命的薪火代代相传，塱边可能会和无数珠三角的小村庄一样，只是地图上的一个普通的名字。这里不仅记载了番禺人民在抗日战争和解放战争时期从事革命斗争的英勇事迹，也记载了塱边村一个中医世家的兴衰浮沉……

仁心仁术　救一方子民

塱边村全村都姓梁，传说他们是明朝驻防官兵的后裔。清朝嘉庆至光绪年间，塱边村出了一名医术精湛的中医叫梁德寿。梁德寿的经历非常奇特，虽然他熟读四书五经，却不愿争考功名以步入仕途，反而选择去当一名雇工。很巧，在雇主家里，梁德寿与一名“大青”一见如故。

“大青”，就是今天的农艺师。这名“大青”姓吴，原是广西一赫赫有名的中医，专攻儿科。因为亲属犯了文字狱，“大青”怕受到株连，一路隐姓埋名逃到番禺。农闲之时，“大青”常常为当地的农民义诊，疗效显著，所以前来求诊的人很多。

因为和梁德寿谈得来，吴“大青”和他住到一起，后来干脆在江鸥村开了一家医馆，内外事务就交给梁德寿打理，同时还将医术毫无保留地传授给他。后来，梁德寿才知道，此人原是参加起义的太平军，因为被清朝通缉而前来避难。吴“大青”后来又回了广西，诊所便交给了梁德寿，于是梁家几代中医通过吴家诊所传了下来。梁家医术高明，当时广州郊区半夜都有划着小船来看病的人。

晋代名医杨泉曾说过：“夫医者，非仁爱之士，不可托也。”吴“大青”在倾囊相授之时，看中的是否就是梁德寿的仁爱之心呢？这无从考究，但是梁家四代儿科悬壶济世、博施济众是有迹可循的。

20世纪20年代后期，珠三角曾经发生过麻疹大流行，很多儿童因患麻疹得不到医治命丧黄泉。当时，番禺的慈善机构邀请梁家父子梁瑞滨、梁俭光到市桥出诊救助，把许多孩子从死亡边缘救了回来。至今，梁家的客厅里还悬挂着当时番禺市桥普济医社敬赠的一面镜子，上面刻着“普济群生”四个大字。两百多年来，番禺有多少命悬一线的孩子，被梁大夫妙手回春、挽回性命？这个数字无法统计。但是他们的形象，却根植于一代又一代番禺人心中，虽遥远，却又清晰。

可惜，梁瑞滨早逝，长子梁俭光一人挑起家庭重担，弟弟梁翕光的医术亦由他传授。当梁翕光可以独当一面时，市桥的分所由他坐诊，梁俭光则长驻石碁，每天长途跋涉前来就诊的病人多达百人。

在梁氏兄弟诊治的患者中，乡绅权贵不少，贫苦百姓更多，但兄弟俩对他们都能一视同仁。他们早期从医之时，正值国难当头，民不聊生，缺医少药是常事。所以他们开出的药方，都是低价高效的药物，遇到实在困难的病人，他们不仅不收诊金，还会拿出钱给病人配药和解决路费。

梁达刚还记得，曾经有个农村妇女，背着儿子来看病。父亲一看到，就说：“这个小孩子太缺营养了，要给他多吃点东西才行。”那位妇女答道：“医生，不是我不想养啊，实在缺钱啊！”父亲叹了一口气说：“那这样，你去市场找卖鱼的拿点鱼肠，你就说俭生叫你来拿的，鱼肠不用钱，你就每天蒸鱼肠给小孩子吃……我开点药给你，这些很便宜的，吃完这些来找我。”一个半月后，这位妇女提着半条生鱼又来了，她说：“医生，您治好我儿子的病，我没钱报答您，我老公昨天弄了条鱼，一半给您，一半我留着煲汤给我儿子喝。”这半条生鱼的画面一直留存在梁达刚的记忆中：“我认为这是病人对医生最贵重的回馈了。”

小诊所成为地下秘密据点

梁德寿在年轻之时便清醒地认识到了清廷的腐败。梁瑞滨生于清末，历经辛亥革命、军阀混战、日寇侵略，写下“国破家何在，兴亡责匹夫”的愤慨诗篇。梁翕光少年时的座右铭，就是“以天下为己任”，他认为个人应该负起应有的社会责任，自己也有着推动社会向前发展之任务，不可以为自己无足轻重……梁氏家族一脉相传的，不仅是仁心仁术，还有推动社会进步、救民于水火之中的豪情壮志。

梁家以诗书传家。当年，梁瑞滨为儿子读书专门修建了一座小阁楼。阁楼落成之时，一位私塾先生赠送了一块匾额，这块匾额被梁家珍藏至今。父辈的熏陶让梁俭光懂得，即便作为一名中医，也能通过读书救民，通过文化救国。后来，日军侵略中国，香港沦陷，一大批失业的年轻人回到塱边村，梁俭光便提议为这些无所事事的年轻人复办松露小学。

那个风云变幻的年代里，个人的力量看似渺小，实则也能创造伟大。梁俭光这一提议，不仅改变了很多人的命运，在某种意义上，也推动了历史的进程。松露小学原为村办小学，广州沦陷后停办。这次复办，由梁俭光全权负责。在他四处寻觅教师之时，一个年轻人出现了。

当时，国民党反动派四处捕杀中共南番顺中心县委和广游二支队领导人。在党组织安排下，一位共产党员郑迪年化名郑子由来到松露小学。

梁达刚回忆道：“当时中共党组织处于低潮，被国民党围剿，中山支部将党员分散掩蔽。郑迪年来到石碁时很落魄，食不果腹。父亲给他做了个糯米鸡，然后与他交谈起来，得知原来郑迪年还是沪江大学的大学生。不想两人相谈甚欢，乃至彻夜不眠。于是父亲就邀请郑迪年来松露小学教书。”

梁俭光和郑迪年一见如故，郑迪年觉得梁见闻广博、为人正直，是值得信赖的同志。后来党组织决定以松露小学为据点，把塱边村建设成坚强的抗日根据地。由此，这位乡村医生把共产党员郑迪年很好地掩护起来，开始暗地里支持党的工作。

刀尖行走　迎来番禺解放

在郑迪年等人的推动下，一大批进步青年全身心投入抗战洪流之中，中共

郑迪年

党员梁翕光就是其中之一。1945年，为收集敌伪军情报，中共禺南特派员周锦照决定在国民党在番禺的统治中心市桥建立秘密联络站，地点就设在桥东路的“梁翕光小儿专科医馆”。

由于梁翕光是塱边人，又是医生，诊所里人来人往，没有人想到在市桥这么热闹的市中心，藏着一个中共秘密联络站。

同时，由于梁俭光的威信很高，同各个阶层的人都有相当的联系，这个地下联络点一直被保护得很好，但也遭遇过几次惊险。梁小曼回忆，有一次，一个番禺地下党组织的主要领导人在离任时与下任交接，曾将一些工作文件和名单放在梁家。当时番禺敌伪头子李塱鸡得知风声，来到梁家搜寻，但最终没有搜到。然而，其实这些文件和名单当时就藏在屋顶瓦片之间。梁俭光感叹：“这是把头别在裤腰带上干活。”

可以说，如果没有党组织的英明领导，没有梁俭光、梁翕光兄弟的密切配合、悉心保护，这个联络站很有可能遭到敌伪的破坏。一旦秘密联络站暴露，不仅番禺的地下党组织会全军覆没，梁家几十口人的生命也将危在旦夕。在刀尖上行走，他们早已将生死置之度外。

1949年10月14日，一个好消息传来：广州解放了！这时，一个秘密情报也辗转送到了梁翕光手里：“梁兄……广州已经解放了，市桥的解放就在日间……关于你的工作……现在还要做的就是，现在还是掩护下来不好露脸，不好暴露，但是有些工作是可以秘密中进行的……”

在番禺解放之前，梁翕光的任务都非常艰巨。那些惊心动魄的日子，如今已成为载入史册的光辉事迹，供后人久久传颂。

我们今天的和平，是无数革命先烈抛头颅洒热血换来的。与他们相比，梁俭光、梁翕光觉得自己功绩不值一提。他们就像是两位侠客，“事了拂衣去，深藏身与名”。梁达刚、梁小曼对父辈那一段往事的回忆，通过翻阅他们留下的资料，在眼前清晰地浮现出来。

20世纪70年代至80年代，梁氏兄弟先后病逝。他们给后人留下什么呢？除了一些传了几代的牌匾，还有梁俭光学医时自己手抄的线装书，其中比较特别的是《朱子家训》。

“这本线装书是我父亲写的字，我母亲绣装的，节选了《朱子家训》里的一段话。几十年来，我们每次回来团聚，都要重新读一遍。这是我们心目中的无价之宝。”梁俭光的女儿梁露冰说。

和兄长一样，梁翕光也是两袖清风，他一笔一画抄写的《阿Q正传》也成了梁小曼姐弟的传家宝。

世间之事，无外乎“诊”“治”二字。不为良相，便为良医，是很多知识分子的毕生理想。视鲁迅先生为精神偶像的梁氏兄弟，一辈子都在救世、救人。他们的后人，也大都投身番禺的医疗卫生事业。20世纪70年代，梁小曼从中山医科大学毕业，就留在中山大学肿瘤医院病理科，成为病理学权威专家，退休之后依然发光发热。女儿郑玮和她是校友，现在是番禺区人民医院的一名妇产科医生。

时光悠悠几十年，梁氏家族越发枝繁叶茂。他们的后人，都在各自的岗位上恪尽职守，兢兢业业，这是他们对家风的一种传承，也是对父亲最好的一种纪念。

扫码观看
纪录片《梁氏兄弟》

第四篇

沧桑迭变

第一章 旧事

第一节 塱边岁月

提起番禺区石碁镇的塱边村，人们总会想到那段红色历史，那段从抗日战争到解放战争，村民们在中国共产党的领导下英勇斗争的峥嵘岁月。

这里曾是抗日革命根据地。中国共产党塱边支部，在这里经历了抗日战争和解放战争时期，是新民主主义革命时期番禺地区坚持时间最长的党支部。中共番禺县工委也在这里成立。

如今走进塱边村，这里似乎已是一副安然世外的样子，然而走过河涌、窄巷、革命故居，我们似乎仍能随处感受到当年的烽火硝烟……

天地人和，助小学堂顺利创办

塱边村的革命故事得从松露小学说起。位于石碁镇塱边村东约大街1号的松露小学，始建于1927年，距今已有近百年的历史。学校坐北朝南，占地面积2023平方米，由校门及围墙、礼堂、课室、图书馆组成。校门为一座中式门楼，红砖砌筑，歇山顶，龙船脊，铺绿色玻璃瓦，门额上方的灰塑匾上写着“松露小学校”五个字。

在百年前风云变幻的中国社会转型期，松露小学能在塱边这个偏僻小山村得以创办，如今看来都有些不可思议。

梁达刚，松露小学创办人梁俭光的儿子，是塱边村党支部前书记。“塱边村是一个非常偏僻的小山村，九曲十八弯，翻过小山坡才能到这里。以前，塱边村村民的整体文化水平比较低，又穷又没势力，常常被欺负。父亲（梁俭光）对此深感不安，于是常读书看报来了解外面的世界、学习西方文化，还通过一系列努力，促成了松露小学的创设。”梁达刚说。

梁俭光所在的年代，中国教育近代化在中西交融、新旧杂糅的背景下展开。一批小学堂应运而生，目的是吸收西方国家可取的教学模式，希望从教育入手，得以强国。在番禺，较早的小学堂分为公立和私立，私立小学堂主要由宗族系统开办，在乡村较

番禺区石碁镇塱边村松露小学曾是禺南最早开办的公立小学之一，也曾是抗日战争时期的革命根据地

为普遍；公立小学以宗族组织外的庙宇或田产作为校址。当年，塱边村一孤老去世后，留下遗嘱将所留田产变卖，用于建设村小学堂。于是，梁俭光抓住这一契机，后经当时国民政府注册批准，学校最终得以顺利兴建。松露小学也成为禺南地区最早开办的公立小学之一。

见证一段红色历史

1941年秋，驻南番顺的日伪军在禺南进行连续“梳篦”式扫荡，国民党顽固派又趁机掀起反共逆流，番禺地区的敌后抗日游击战争进入了更为复杂、艰苦的阶段。

梁俭光是塱边村有名望的中医师，爱国爱乡的农村知识分子，眼看着禺南沦陷后，村里唯一的学校松露小学关闭了，村里的青少年无法接受教育，个别人因失学而不务正业甚至误入歧途，梁俭光感到非常痛心，于是他向村里提出了一个办法——复办松露小学。

读书能救民，文化能救国，得到乡亲们的支持后，最重要的事情就是物色合适的教员。正当梁俭光为此事感到头疼之际，他遇到了由广游二支队中共组织派出来寻找新据点的共产党员——郑迪年，两人的这次相会可以说就此改变了塱边村人民的命运。

“郑迪年来中医馆，和父亲（梁俭光）聊了个通宵，两人一见如故，一拍即合，很多观点都有共鸣。于是在父亲同意并经过党组织认可后，郑迪年被聘请担任教员兼教务主任。”梁达刚介绍道，“一开始父亲并不知道郑迪年是共产党员，与之相处过一段时间后慢慢才知道，于是对他产生了更多的敬佩之情，也对其工作给予了更大的支持和帮助。后来郑迪年在当地发展了很多共产党员。”

中共当时为什么选择塱边村松露小学作为根据地呢？其实还是因为塱边村得天独厚的地理位置和单一的姓氏族群。

“塱边村位于一片半封闭的丘陵地区，东、南、西三个方向被三口水塘围绕，背靠北方的尖峰山，便于人群疏散逃跑。”塱边村党支部书记梁德强介绍，塱边村本地人口约900人，全部姓梁，相传为明朝初年屯田的军籍后裔，阶级差异不大，人际关系也相对简单，地下党组织工作不容易被泄密。

后来，松露小学成为广游二支队党组织的新据点、秘密革命工作的联络点和接头处。郑迪年在塱边村发动群众，开展抗日统一战线工作。学校聘用的教师都是地下党员，以教师的身份作掩护从事革命工作。他们白天悉心培养贫苦学生，教他们做人的道理，晚上则开设起青年夜校，帮助当地青年认识革命形势，鼓励他们参加革命斗争。1942年的秋天，随着中共塱边村党支部的正式成立，塱边村开启了跨越抗日战争时期和解放战争时期的八年革命征程。

1943年，中共塱边村党支部组织青年参加抗日游击战。

1946年，塱边村党支部领导群众开展反“三征”（征兵、征粮、征税）斗争。

1948年冬，中共番禺县工作委员会成立，把禺南武工队创办的《民友报》改为中共番禺县工委机关报，并在松露小学内设有小电台。

1949年9月，中国人民解放军粤赣湘边纵队番禺独立团成立，团部设在塱边村容庵梁公祠，并于10月22日在此升起了第一面五星红旗，为配合大军解放番禺，番禺县工委紧急动员，保证粮食、船只和民夫，开展筹粮等支前工作。村

革命战争年代，塱边村排演的街头剧《放下你的鞭子》

里的群众为部队烧茶、送水、做饭。村里的妇女成立了群英妇女同志会，集中了十多台衣车为部队缝制军装、番号胸章、臂章等军用物品。为此，番禺独立团给塱边村群英妇女同志会授予“拥军模范”称号，并授锦旗。10月23日，番禺县城市桥和平解放。

从郑迪年播撒下革命的种子起，塱边村党支部作为革命根据地被载入史册。

如今，松露小学进门两廊已成为塱边村委会的办公地点，大堂为番禺及塱边村革命历史展览室，塱边村的革命故事被陈设为主题展览供人们参观。松露小学旧址作为石碁镇爱国主义教育基地，每年都迎接着一批又一批群众过来参观学习。而作为村子里对塱边村革命历史最熟悉的梁达刚，还是会常常独自走到展览室，驻足于墙上的那几张大合照前久久凝思。

绿色生态家园

翻开历史的长卷，几千年来，中华民族在反抗暴政和抵御外侮的斗争中，从来不乏仁人志士，中国人有着与生俱来的红色情结，它流动在民族的血脉里，遗传在民族基因中。如今松露小学、容庵梁公祠都已分别被公布为市级或区级中共党史教育基地，那段血与火的岁月给塱边村烙下了深深的红色印记。从战争岁月到和平年代，塱边村也随着时代在不断变迁。这些年，除了“红色革命村”，塱边村给来过的人留下了新的印象，大家称它为“绿色生态家园”。

塱边村村前村后有近百棵百年古榕、古樟及龙眼、荔枝古树。村内居民住房有300多间，因历史原因，村内街巷较窄，布局不规范。前些年，随着塱边村经济收入的增加，村民实现温饱后对精神生活有了更高的追求，改造村容村貌被提到村委的议事日程上。

整改前，村前池塘一带全是猪牛栏及村民堆放农家肥的地方，村内的生活用水通过明渠排到村前池塘。这样的布局在农耕时代是十分合理的，生活废水没有化学污染，有机物排到池塘养鱼，塘泥每年挖上荔枝基施肥，实现了良性循环，同时水塘亦起到消防安全及防盗的作用。这个系统已经运作了600多年，但随着外来人口的增加，无机物及废水的排放量已超出原系统的自净能力，整个村庄出现了严重的污染。针对问题，塱边村制订了居住环境全面整改的6年规划。经过多年的村容村貌改造，得到了非常显著的成果。

如今，不足1000人的塱边村有4个公园，不到1平方千米的地方就有近百棵百年古树，绿化面积达5万多平方米，村民人均享有70平方米的绿化面积，这个数据超过了创建文明示范村“绿化覆盖率达到35%以上，人均公共绿地面积在10平方米以上”的绿化指标要求。

现在塱边村已实现了巷道暗渠化、路面水泥化、街道100%硬底化，修通了

塱边村优美的自然环境

环村公路，栽种了30米宽的绿化带，保护了近百棵百年古树，在污水塘种上了荷花。如今塱边村工业区与居住区分隔，下水道雨污分离，污水排出村外，处处绿树成荫，时时鸟语花香，村民休闲、乘凉、晨练有了好地方。

此外，为了丰富村民业余生活，倡导文明健康生活方式，村里建起老人活动中心、图书室、篮球场、羽毛球场、乒乓球室、宣传阅报栏，弘扬正气，倡导文明健康生活方式。

红与绿的重叠、历史与现实的交相辉映、生态与文化的融合，让塱边这个革命老区焕发新姿，但无论怎么变，多年来，塱边村对于文化教育的重视却是一直不曾改变，村里曾经颁布过一条人才引进的新规定：凡娶上博士媳妇，一次性奖励2万元，娶研究生媳妇的奖励1万元，娶本科生媳妇的奖励5000元。

塱边村党支部书记解释，制定这项规定，是为了招引人才，改变乡风，使邻里和睦。“从村里走出去的本科生只有几个，更别说有研究生了，定下这条村规，体现了我们对高学历人才的渴求和对后辈给予的期望。”此举在当时可以说引起了不小的轰动。

自从20世纪90年代初起，塱边村每年都坚持奖学活动。从最初的几千元上升到去年的近6万元，截至2020年，村里的在校生共有140名。按照规定，每年获得“三好学生”称号的奖30元，取得班上前三名的减免一半学费，考上中学的每年奖励200至400元，考上大专的每年奖励1000元，考上本科的每年奖励2000元，考上研究生的每年奖励4000元。

时光沉淀，岁月安好，今年松露小学里的紫荆花开得格外的娇艳。它们过去曾见证过那段风雨飘摇的岁月，如今则在倾听着塱边村谱写的新时代歌谣。

扫码观看
纪录片《塱边村》

第二节　家在桥南

广州人有一句老话：“宁要河北一张床，不要河南一间房。”这句话，也适用于番禺的“河北”市桥和“河南”桥南。

位于番禺区中心城区的市桥河南岸的桥南街，于2002年3月28日挂牌成立，是由原番禺区市桥镇分设的四个街道办事处之一。2007年1月1日起，桥南街正式接管原属沙湾镇的陈涌村、蚬涌村、草河村和陇枕社区居委。新辖区面积为17.85平方公里，总人口约10万人（2019年）。①

在市桥大桥建成之前，市桥是“天”，桥南是“地”。

时代浪潮奔涌，桥南筑巢引凤，经历沧海桑田，如今早已华丽蜕变成高档商住小区林立、环境美观整洁、社会秩序和谐安定、现代化城市气息和岭南水乡风光兼备的宜业宜居新中心城区。

家在桥南，透过番禺桥南人的老故事，我们读懂城市发展带给他们的幸福生活。

草河村的故事

桥南曾经是偏远郊区，加上一河相隔，桥南村民的生活水平可想而知非常落后。他们想去桥北探访亲友或做农产品交易，唯一的交通工具，就是船只。

桥南街村委委员彭卫民回忆道，以前过河叫作“过二分海”，须花两分钱坐人工小艇渡过去。12岁时的他就是这样去河对岸卖甘蔗，这一程要4.6公里。

交通不便，桥南人民唯有靠种甘蔗和水稻为生，草河村就是这样的一条村。

草河村地处市桥河南岸、桥南街的东部，东南北三面环水，是典型的河田乡。这里是肥沃的冲积平原，全村4000多亩地，河田面积就有3800多亩，以盛产稻谷而出名。

“草河”这一名字的由来也与其特殊的地理位置有关。据

---

① 广州市番禺区地方志编纂委员会. 番禺年鉴（2020）[M]. 广州：方志出版社，2020.

草河村生态保育园绿意盎然

1996年《番禺县镇村志》记载，草河村原名陇三村（陇一村为蚬涌村，陇二村为陈涌村），因其地处沙洲形似草鞋，又名“草鞋沙”。蚬涌、草河、陈涌三村被称为“沙湾粮仓”，有“三陇熟，沙湾足”之誉。

一条长长的河涌流经村中，这是草河村与外界连接的重要通道。早期，农民们在自家地头晒谷，稻谷晒干后他们就告知粮站派船来装。久而久之，各家各户便集中起来在河涌边上建起了粮仓。

“这样的粮仓，既可防火又便于运输粮食。如果粮食不集中起来，每家每户就要自己用小艇将其送到紫坭，会很麻烦。”草河村退休村干部何焯华回忆起当年的情景仍非常感慨。

“1983年分田之后，整个村的粮食就集中在粮仓里，装满两个仓后，就一船一船送到紫坭粮站，当时我们村总粮食有220多万斤，公粮都有50多万斤！”何焯华说。

草河村一共有两座粮仓，均用水泥铺地，外围由两层24厘米厚的红砖砌成，高10米，直径有10多米长。一座粮仓能储粮28万斤，两座粮仓能容纳近60万斤粮食。每到稻谷收获的时节，村民纷纷用板车、农艇等运输工具将粮食运到这里，然后用吸谷机送到输送带上，再由输送带送进粮仓内，场面十分壮观。

水上人家

在那个靠水路与外界来往的年代，桥南的村民不但要看天吃饭，甚至有些还居无定所，漂泊流离。如今安居在桥南街福景社区的黎焕女，想起当年长期在市桥河的船上居住的艰苦岁月，不胜唏嘘：“我是从南郊嫁去桥南的，一嫁过去就两公婆撑船。如果遇到大风天还需要人力拉船，又要过闸，过完闸还要担泥，一天24小时，没两个小时是闲的。”

没有苦，哪来甜？桥南发生的变迁，因一座桥而起。这座桥承载着市桥和桥南居民许多美好的回忆，这座桥，是桥南居民的幸福之桥。

1980年10月1日，市桥大桥落成启用。

虽然只有两车道，但这座连接市桥和桥南的大桥，确确实实给桥南带来了翻天覆地的变化。这座桥引来了多方投资，生活在南郊的桥南人民也可以通过这座桥高高兴兴地到市区逛街了。

黎焕女搬来桥南已有10年，让一家人离开水面生活、最终上岸的原因还是与“水浸”（积水）有关。水上人家一年要遇上多次“水浸”，在得知黎焕女等40多户水上人家居无定所时，桥南街把他们从漂泊不定、风吹日晒的船上，安顿到岸上社区。从此，黎焕女才正式告别过去的生活。

新社区，新文化

新桥南人融入社区生活并不是一蹴而就的事情。

进入社区的新居民，有贫困户，有渔民，也有新广州人。由于地域文化的差异，居民的素质参差不齐，相互之间缺乏交流。为了让新桥南人更快更好地

1980年10月1日，首座横跨市桥河南北的桥梁——市桥大桥建成通车。图为当时通车的情景

融入社区生活，街道与居委做了大量的建设工作。

2016年12月1日，番禺区首间长者饭堂在桥南街正式试运营。自试运营起至2019年3月底，在广州市居家养老网上服务大厅申请配餐服务且获得配餐资格的长者达359人，饭堂累计制作52,186份长者餐，为全市各区提供了一个良好的、可供借鉴的长者配餐模式。

长者饭堂的饭餐申请制度以长者的配餐需求为导向，饭菜样式符合长者口味，还从普通配餐发展出适合高血压、糖尿病患者的低盐低糖餐。饭堂中央厨房配好菜之后，将其统一装入保温饭盆里，再由村委的志愿者或者社区的保安送到各条村以及各社区的长者手里。

“咱们中国从古至今都保留着尊老敬老的优良传统，只是现代日常生活中，老人的子女们往往忙于工作，中午没办法给父母做一顿饭。而我们就可以为这些年轻人代劳了。”番禺桥南街道办事处一位办事员这样说。

除此之外，桥南的社区还实施“医养结合”，让老人小病小痛不出社区便能得到诊治。此外，社区还开展“书法进社区”活动，让想学书法的小孩、老人，在社区里就可以满足学习需求。在互相学习中，邻里关系也能变得更亲密。

“刚来住进社区的时候，大家都人生地不熟，邻里之间见面往往就只是点点头。现在就不一样了，大家打照面都会亲切地问候，非常之友好。”桥南街福景社区居民朱导焕说。

和谐的氛围、友爱的邻里，让整个社区四季如春，充满生机与活力，再加上各项丰富的、具有满满正能量的活动的策划开展，让桥南陆续吸引了许多来自五湖四海的人来此安居乐业。其中，桥南街番禺奥园社区党委文体艺术团的成立，就有力地促使邻里们逐渐凝聚成了一个整体。

潘胜利，番禺奥园社区居民。早在20世纪80年代末期，他就被调至广州市区工作，由于儿子和儿媳妇都在番禺，他们又把市区的房子卖了，搬到番禺来。“当时，社区党委文体艺术团内有一支奥园歌舞队，不过大家唱唱歌跳跳舞，只是为了消磨时间，歌舞队还没真正起到促进邻里交流的作用。”

赵姨是番禺奥园社区党委文体艺术团团长。2013年7月，番禺奥园社区成立了党委；9月，社区成立党委文体艺术团。赵姨就在这个时候被任命为团长。

奥园歌舞队成立仅5年，就从最初只有50多人的小团发展到有几百人的大

桥南街乐怡居家养老服务中心长者饭堂根据老人家的个性化需求，提供健康饭餐

团，共有舞蹈队、锣鼓队、模特队、曲艺队、腰鼓队、葫芦丝队、太极队等9个队伍，其中舞蹈队、锣鼓队更是获得多项殊荣，被各大媒体争相报道。更多的社区居民，在社团中真正找到了自己的兴趣爱好，找到了更大的自身价值。

从偏远郊区到城市中心，从一个以农业为主的农耕之地，发展成为宜居宜商的现代化城市居民区，一座村落就是一段历史，在市桥河畔的百年水乡生活里，孕育了独特的桥南水乡文化，他们饮水思源，他们一脉相承。

城市发展离不开文化的传承与坚守，正因为番禺桥南原有居民一直保留着纯净与质朴，即使如今融入了许多新的桥南人，其团结友爱、互相帮助的邻里精神也在互相传递，并一直延续。

家在桥南，桥南延续着百年岭南一河两岸独有的水乡文化气质。

扫码观看
纪录片《家在桥南》

第二章 立业

第一节 『大石三宝』

番禺大石有“三宝”，慈菇、马蹄、灯芯草。

千百年来，地形的改变，造就了番禺独特的地貌：河道纵横交错，水系发达。番禺肥沃的土壤，为均是水生农作物的“三宝”提供了天然的种植条件。当年，大石三件宝撑起了当地的经济。

大石人与灯芯草相伴的岁月

灯芯草有着淡淡的草香味，是很多大石人共同的回忆。这种看似不起眼的小草，在穷苦年代，却是很多大石人赖以生活的经济来源，小孩读书、家庭开支都离不开它，它养活了一代又一代的大石人。

灯芯草可以入药，有去渍、消滞、清热等功效，在儿科中药方中常见灯芯草这味药。此外，灯芯草的芯可以做油灯的灯芯，这也是灯芯草名字的由来，在电灯尚未普及时，当地人常使用灯芯草来照明。

宋朝时，大石村的北面还全是海域，到明朝才沉积为滩涂，祖先在这片滩涂里进行耕种，将其变成了亩亩良田。清朝中期，西郊的两个岛逐渐形成，土地肥沃，比较适合种慈菇、马蹄。

当年，“大石三宝”成为当地十分重要的经济来源，其中，灯芯草尤为出名，甚至有句俗语由此传开：“有华人聚居的地方，就有灯芯花。”

冯洁钗，番禺区大石街山西村人，典型的大石媳妇，一辈子勤俭节约的她，与灯芯草结下了不解之缘。一有空闲时间，冯洁钗便与几个农村妇女围成一桌，一边闲话家常，一边绕灯芯花，

“大石三宝”灯芯草、马蹄、慈菇（从左至右）

不紧不慢，如同他们的生活节奏一般——这是大石乡村十分寻常的一种景象。

冯洁钗用草挑飞快地划开灯芯草，雪白柔软的灯芯被完整刮出来，草壳和灯芯被缠绕成一朵朵灯芯花，400朵花绕成一扎，当地俗称“一千花”。

“我给别人加煤气加了20年，加完煤气有时间就挑灯芯花。刚结婚时，家里很穷，每天都要做两扎灯芯花卖掉后才有钱去买菜，剩下的钱存下来建房子。”送煤气、种菜、做灯芯花，这样的日子冯洁钗已经过了几十年。

做灯芯花是种手工活，做一朵算一朵的钱，赚的是几分几毫的利润。在番禺当地有这样一句谚语：“想做大石媳妇要先学会做灯芯花。”说的就是大石媳妇会过日子，闲暇时做灯芯花帮补家计，一分一毫都不乱花。

冯洁钗小时候家里很困难，父母有6个女儿需要抚养，做灯芯花是维持生活的重要手段，因此她6岁就开始和姐妹们挑草，大家围坐在家中的厅底，将灯芯花穿成一扎一扎去卖。“当时做灯芯花虽然辛苦，却也很开心，因为如果每天我们能做出10扎花去卖，妈妈就能赚到钱买一斤猪肉、一斤饼干给我们吃。”冯洁钗说。

近几百年，大部分灯芯花会被出口到马来西亚等世界各地。

大石有个灯草市，可以说它养活了大石几十代人。大石批发灯芯草的历史可以追溯到明清时期，在明朝嘉靖年间和清朝乾隆年间是最兴盛的。现存于大石小学的“灯草市”石碑，见证了数百年来灯芯草种植、加工、销售的历史。曾经的大石灯草市远近驰名，海内外商人纷纷来到大石采购，大石灯芯草远销东南亚，成为番禺大石的活招牌。然而由于日军侵华，灯草市于1938年被炸毁，从此中断。

2018年11月10日，大石举办灯草文化节，其中最引人注目的，便是具有几百年历史的“大石夜色”。“大石夜色”原本在20世纪30年代已经消失，后来当地人根据老人的回忆，重新制作《仙姑渡蚌》和《大拱月》两版“大石夜色”。沙湾、员岗有飘色，市桥有水色，大石却在夜里“出色”，与众不同，原来背后也与灯芯草有着密不可分的关系。

“明清时期，大石当地的普通民众就是靠点亮灯芯来起到照明作用。如今，我们积极传承发扬‘大石夜色’的制作工艺，就是为了展示我们大石的灯芯，同时也希望能通过这种形式，给人们带来美的享受。”冯洁钗介绍道。

大石当地有一句俗话：“大石人做灯芯，头发尾都是金。”

中华人民共和国成立前，广东基础设施落后，许多地方不通水电，普通老百姓晚上靠点油灯照明，将一条灯芯草的芯放在油碗上，可以点上半天。低廉的价格，使它成为穷苦民众的选择。

以前，大石人点过的油灯、喝过的凉茶，都有灯芯草的身影，灯芯草渗透在他们生活方方面面的细节里，在物资匮乏的年代，老百姓善于利用大自然，使得草壳、草芯、花籽都发挥作用。芯可以点油灯，一般祭祀、结婚时流行使用的油灯，都是用灯芯草的芯来点亮的；灯芯草既可以用来煲药冲奶粉，又可以用来煲冬瓜水解暑；此外，灯芯草拿来煲鸡蛋花，则可以治口腔溃疡，祛湿、清热。

在以前，大石当地孩子读书每年交的学费，家里的柴米油盐酱醋茶等生活开支，基本都是靠卖灯芯花来支撑，灯芯草基本上是家庭的经济支柱。

而现在，对年轻的大石媳妇来说，灯芯草已失去获得经济效益的魅力，它更多地成为长者用来打发时间的手工活。

如今，冯洁钗早已过了为生活奔波劳碌的阶段，像很多番禺本地人一样，她家里有房子收租，儿女已经长大了，不愁吃喝，但她依旧日复一日地做灯芯花、种菜。

季节更替轮回，灯芯草陪伴大石人走过了艰苦岁月。对老一辈的大石人来说，灯芯草更像一位老朋友，一直陪伴在左右。

灯芯草养活了数代大石人，昔日家家男女老幼都会做灯芯花

“慈菇啶”和马蹄糕

其实对大石人来说，这样的老朋友还有不少，与灯芯草并列“大石三宝”的还有慈菇和马蹄。

在番禺的寻常人家中，每逢男女婚嫁、婴孩弥月，总会见到慈菇的身影。在番禺人眼中，慈菇寓意多子多孙，在过去，当地人多以慈菇比作男丁，将其赠予新嫁的女子，寄愿“来年生个慈菇啶”（来年生个儿子）。

番禺大石种植慈菇的历史已有300多年，这主要得益于大石天然的地理优势，土壤和气候都比较适合慈菇生长，加上栽培条件比较好，出产的慈菇呈卵形，多为白色或浅黄色，外形美观，个头较大，耐贮运，淀粉含量高，风味独特。慈菇不仅可作蔬菜，而且还有药用功能，将慈菇捣烂与生姜汁调匀，涂敷于皮肤肿痛处，有消炎、退肿、止痛之效。

在过去，慈菇是大石重要的经济来源之一，相比其他蔬菜，慈菇可以卖个更好的价钱。

马蹄则更不用说了，马蹄糕、马蹄露、马蹄酥……大石马蹄在广州大有名气，它清香爽脆，又能解毒；“大石脆皮马蹄糕”由于风味尤佳，香脆可口，清爽鲜甜，虽经油炸但一点都不腻，历来是番禺人喜爱的粤式点心之一；大石所产的马蹄粉，粉质细腻，味道香甜，用来做马蹄糕，其色茶黄呈半透明，可折而不裂……

虽然广州人爱吃马蹄，却很少人知道，马蹄的种植时间比较长，而且挖马蹄很费时费力，一个人一天也就只能挖出四五十斤。

“大石三宝”亟待“走出去”

1978年起，随着国家改革开放政策的推行，番禺开始发生翻天覆地的变化，从一个农业小县城逐渐发展为现代化的城区。随着城市化的推进，番禺的耕地面积越来越小，农田存在于高楼大厦的夹缝中。

改革开放后，大石作为番禺的前沿地区，是番禺经济发展的重要区域，改革开放的时间比较早。如今，“大石三宝”都面临着同样的困境，由于耕地面积锐减，劳动力不足，曾经撑起了大石经济半边天的它们，在今天的番禺，已经少有踪迹。这些经济作物逐渐退出了历史舞台。

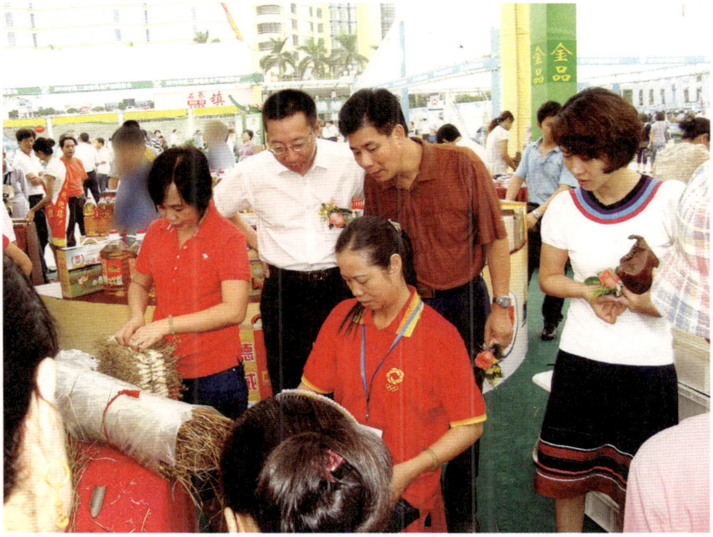

2011年，第三届“广州番禺农产品博览会”在番禺广场举行。大石带来“番禺区十大特色手信”“大石三宝”参展

“慈菇、马蹄都种得少了，现在主要种花和树，经济价值比较大。”农户陈华伟说。

陈华伟，从十二三岁开始种慈菇、马蹄，并以此为生计。他几年前创办了自有农产品品牌，专营“大石三宝”农产品，他希望能将家乡的特色农产品推广出去，让更多的人知道“大石三宝”。陈华伟这两年将生产基地和加工工场逐步转移到清远，以谋求更长远的发展。“大石三宝”如果要发展，人们必须看到并克服其局限性，也需要让它们“走出去”。

在高新科技日新月异的今天，农产品的经济产出无法与高新技术产品相提并论，它们退出经济的主流，是社会发展的必然趋势，也从侧面反映了老百姓生活质量在不断提高。

借助“大石三宝”，与那些上了年纪的老人聊一聊，当了解了父辈们的经历，或许才能好地理解三件宝在番禺人心目中的分量。

扫码观看
纪录片《大石三件宝》

第二节 珠宝小镇

在番禺区市广路、银平路的交界处，有一座仿钻石戒指的巨型建筑连接马路两端，番禺人亲切地称它为“大钻戒”，它身后便是番禺人所熟悉的大罗塘珠宝小镇。这个面积只有1.75平方千米的地方藏龙卧虎，拥有超过2000家经营珠宝首饰的工商业户、5家上市企业、5万多名从业人员。

珠宝网商的千万销售额

2017年11月11日，大罗塘的银建珠宝交易中心，一群年轻的珠宝从业人员正在通宵达旦奋战中。

米莱彩宝是大罗塘的本土电商珠宝品牌，品牌创始人刘文辉正坐在大屏幕前观看后台成交数据。此次他给公司制定的“双十一”成交额目标是1100万元。

数据从0开始快速滚动，在距离“双十一”结束还有6小时的时候，成交额离预期目标还差400万元。刘文辉回头问身边的小伙伴：“往后还有没有把握？大家各自估一个数字，谁估得和最终成交额近，就给谁发一份奖金。”

数字在滚动……800万元，900万元，快接近1000万元……在员工们此起彼伏的掌声与欢呼声中，米莱彩宝在“双十一”总成

大罗珠宝城入口的“大钻戒”

交额最终达到1300多万元，比目标超出200多万元。

“其实这个数据和我们之前预估的没有太大差别，我们在此前3个月就已经算出来了。”刘文辉说，“2017年，我们的成交数据是4.2亿元，利润额在4000万元左右，今年纳的税大概是1300万元。”

2012年，刘文辉在番禺大罗塘创立了该电商珠宝品牌。这个大罗塘的“亲生仔”，依托大罗塘完整的珠宝产业链，得以快速发展，现今已经是全网第一的彩宝品牌。

如今，大罗塘珠宝小镇在番禺珠宝产业发展中举足轻重。谁又能想到30多年前，大罗塘还是一片贫瘠。

贫瘠之地迎来转变

曾经有句话这么说：“龙东榄左大小罗，特别最穷大小罗，嫁女都不要嫁大小罗。”可见大罗塘的“穷”是出了名的。

大罗塘村支部原书记陈叶南说，20世纪80年代以前，大罗塘水电都不通，土地贫瘠，大部分村民外出务工谋生，是番禺有名的贫穷之地。

1987年，番禺县政府把工业村定在了大罗塘，开始招商引资。与此同时，正逢香港地区的产业转移大潮，香港珠宝厂商纷纷选择北上转移落户珠江三角洲。距离香港不远的番禺，由于民风淳朴、劳动力充足、人工便宜而且产业集中，几百元就能请到一个熟手技工，许多香港、台湾的珠宝厂商纷纷选择到番禺设厂，将产业链中劳动力最密集的部分转移到番禺，以代工为核心的模式逐渐开始建立起来。

最早期的珠宝加工厂位于番禺易发商业街上，后来逐渐扩展至大罗塘、沙湾一带，形成大罗塘珠宝产业集聚区、沙湾珠宝首饰产业园等产业片区。

一件珠宝，从设计到成品需要多重工艺，绘图、雕蜡起版、倒模、浇铸、执模、镶嵌、抛光，工序繁复，需要大量的劳动力。当时香港厂商为了节约成本，将一些简单而烦琐的工序转移到内地。

罗志明就是当年从香港来番禺的这一批人之一，他回忆道：“1991年，我在香港一家叫作莱利珠宝的集团做厂长，集团在番禺开设了一间分厂。当时订单非常多，番禺缺人，集团让我在香港的厂里挑几个师傅来番禺，但是没有人肯来。他们半开玩笑地说：‘你那么厉害，你去啊！’我就跟他们打赌：‘我试3个月，如果办不好就算我输你们一桌酒菜。’就这样，我来到了番禺。1991年8月1日，这一天我印象很深，我和同事来到番禺大罗塘，突然间江风大作、乌云密布，我同事还问：‘有没有来错地方啊，怎么这么荒芜？别说是人，狗都没见到一只。’但3个月后，事实证明我赌赢了。”

最开始时，大罗塘的珠宝产业并不成规模，只有单一的来料加工的产业业态。

“那时内地工人的代工费比香港人工费便宜太多了，最低工资300多元，香港师傅1个月都要1万元了。”三和珠宝总裁、大罗塘珠宝首饰商会会长李文俊在1992年从香港来到番禺寻找代工工厂。

李文俊说，自己的工厂最高峰时有2500人，但即便如此，还有一半的产品要外包给别人做，甚至代工接了订单做不完还要再外包出去。

依仗廉价劳动力优势，大罗塘代工模式一路高歌猛进。从20世纪90年代到21世纪初，是整个中国代加工行业最为繁荣的时候，当时整个大罗塘的珠宝行业以欧美外贸订单为主，为世界各地的珠宝品牌做代工环节。“世界珠宝，番禺制造”，大罗塘地区也迎来了发展的第一个顶峰，同时大罗塘被深刻烙上了“代工”的烙印。

从打工仔到珠宝网商大鳄

刘文辉也正是在珠宝加工业最繁荣的这段时期来到番禺的。

“1999年5月，端午节前一天，那时的我才16岁，完全就是生活所迫，别无他法，只能从老家来到广东找工作。”刘文辉说，“当年10月我才进入了一个珠宝工厂，在这个工厂我做了3年珠宝镶嵌的工作。”

20世纪90年代，中国进入劳动密集型产业的全盛时期，刘文辉辍学进厂打工的经历，也是那个年代大部分大罗塘工人的缩影，在那个依靠密集劳动力谋生的年代，工人需要通过高强度的劳动，才能获得微薄的报酬。

“当时工厂加班非常多，每天工作13个小时，每一分钟里每一个型号的产品镶嵌多少粒石头，工厂都有严格规定。那种高强度的工作，普通人大概3个月就受不了了，但是为什么我坚持了3年？因为父亲重病，家里确实需要钱，我就

大罗珠宝城一角

一直在这里工作，直到2002年10月才离开。那个月我一共加班191个小时，离开时拿了771元，是我在厂里工资最高的一个月。”刘文辉回忆道。

当时，在工厂的流水线上，每一个生产工人都是一颗螺丝钉。珠宝代工环节利润微薄，核心环节设计和渠道都控制在国外品牌企业手上，代工的弊端日益彰显。

“当时是中国制造业最繁荣的时候，周六日上班、每天加班五六个小时是必须的。在里面，我每天做着重复的工作，也接触不到外面的世界。父亲去世后，我突然感觉压力没那么大了，就想换一种活法。”刘文辉说。

两年后，刘文辉决心离开工厂，出去单干，这个决定彻底改变了他整个人生轨迹。

刘文辉去了一趟杭州。当时，电子商务平台“易趣”发展势头十分火热，几乎把公交车站和楼宇广告都覆盖了，于是刘文辉尝试把珠宝产品放在易趣上销售，开始了电商之路。产品上线易趣的第一天，就有了成交。刘文辉由此认定：电商将是一条好的渠道。

2005年中国电商开始全面大规模爆发，易趣一度占据了中国电子商务90%

的市场。刘文辉借助易趣平台进入全球电子商务平台，很快从互联网上赚到了自己的第一桶金，从一名打工仔一跃成为中国第一代网商老板之一。之后刘文辉在大罗塘组建珠宝工厂，迅速壮大自己的电商规模。

此时中国的整个商业生态悄然发生改变，而大罗塘的工厂依然为欧美市场做代工，殊不知一场风暴已悄然而至。

金融风暴引起反思

2008年，金融风暴席卷全球，外贸订单急速减少，我国的出口行业受到很大的冲击。由于番禺很多珠宝工厂过度依赖于外贸市场，番禺掀起了工厂倒闭浪潮。

李文俊回忆，2006年是外贸高速增长的时期，2008年金融危机一来，整个大罗塘就泄下来了，国外订单加起来只剩下以往的两三成。很多工厂原本一个月销售额能达到二三十万美元。而后每个月的销售额却只有四五万美元，很多工厂不得不进行裁员，小工厂熬不下就只好关门，整个大罗塘非常萧条。

金融风暴使代工模式弊端彻底暴露，大罗塘珠宝产业长期以来都以生产加工为主，缺少品牌意识，片区以粗放式管理为主，野蛮生长，参差不齐、高矮不一的厂房给人混乱而无序的印象；没有真正的销售平台，制约了珠宝首饰产业持续健康发展，大家纷纷反思代工模式的不足。

大罗村股份合作经济社理事长陈汉添意识到，如果再不转型改造的话，以后将连代加工的机会都没有，大罗塘就只有死路一条，只有改变才有出路。“当时我们就去了深圳水贝、南海平洲等地调研，结合了自己的实际情况，做了一份整村规划的方案给街道。”陈汉添回忆道。

从“番禺制造”到“番禺创造”

国际经济环境发生大变化，曾经以代加工为核心的大罗塘模式今天已经走不通，为谋求产业发展，大罗塘的升级转型势在必行，扭转生产加工低附加值的被动局面，建立完整的产业链，从“番禺制造”转为“番禺创造”，才能拯救岌岌可危的大罗塘。

大罗塘人意识到一定要有自己的设计、自己的产品、自己的工艺，才能对接市场。

李文俊说："我们要开始转型做自己的设计，要别人来买我们的设计，其实我们也已经培养了很多设计师，只是他们出不了名而已。"

梁大钊从1995年开始便来到大罗塘学师，现在已是大罗塘地区首屈一指的珠宝工艺师。梁大钊曾多次在《芭莎珠宝》中发现了自己代工制作的珠宝作品。他说："番禺在珠宝业的制作工艺是很成熟的，在世界上也是领先的，全球各地都有番禺制作的珠宝。我希望自己能创作出更多的作品，并能教出更多的学生。"

设计赋予珠宝灵魂，梁大钊深明此道。过去的番禺珠宝工匠没有机会走出去，他目前在番禺职业技术学院珠宝学院教授首饰设计与工艺课程，希望为珠宝行业培育更多优秀的设计人才，助力番禺珠宝走出去。

电商也被认为是大罗塘珠宝产业"弯道超车"的好机会。

依托大罗塘完整的珠宝产业链，刘文辉让自己的品牌得以快速发展，成为全网第一彩宝品牌。在2017年的"双十一"，米莱彩宝的成交额达到1300多万，被评为亚洲500强品牌。从基层员工到珠宝集团老总，35岁的刘文辉实现了质的飞跃。

刘文辉凭借着独特的个人魅力，成了公司许多年轻人奋斗的榜样。今日的番禺不再是"血汗工厂"的代名词，很多的年轻人来到番禺，带着自己的梦想

出自大罗塘、享誉世界的珠宝作品——《珠宝天坛·祈年殿》

和对美好生活的向往。在他们眼里，番禺是梦想的孵化器，是经济转型升级、改革开放的卓越成果。他的思路也为大罗塘未来发展提供了一个方向，只要找准方向，大罗塘在新时代同样具有竞争力。

“我们不要再‘制造’，要变成‘番禺创造’。”李文俊说。

业界一直都在探索番禺珠宝的品牌之路，大罗塘珠宝小镇的发展推动，便是番禺珠宝品牌化的重要一步。

经过多年的发展，大罗塘成为番禺珠宝业的一颗冉冉升起的新星，珠宝小镇的成长史，可以说也是番禺珠宝产业的缩影。

扫码观看
纪录片《珠宝小镇的故事》

第三节 百年药房

清朝末年，一名叫潘应世的广东开平少年为改变家庭窘境，应征契约华工，远渡重洋参与美国政府推动的西部开发，在充当劳工期间亲身经历洋人欺辱的切肤之痛，而且自小感慨国弱民穷，所以决心回国，希望以中医济世济人，洗雪国人被诋称“东亚病夫”的耻辱。

他联合已是名医的兄长潘百世，在家乡开平开创了当今的百年品牌——潘高寿。

2009年，百年老字号“潘高寿”入选国家级非物质文化遗产名录，被视为岭南中医药文化的杰出代表。2018年3月，由于流感肆虐，“止咳神药”风靡纽约，潘高寿与京都念慈庵等中医药止咳产品一时成为“网红”产品。

这个百年老字号是如何发展到今天，成为全国唯一拥有“双国遗”的中医药企业？作为岭南中医药文化的杰出代表，又是如何在今日瞬息万变的医药市场中赢得口碑？

中西融合　独创先进

清朝末年，美国政府推动西部开发计划，需要大量廉价劳动力，在中国东南沿海招收“契约华工”，也就是俗称的“猪

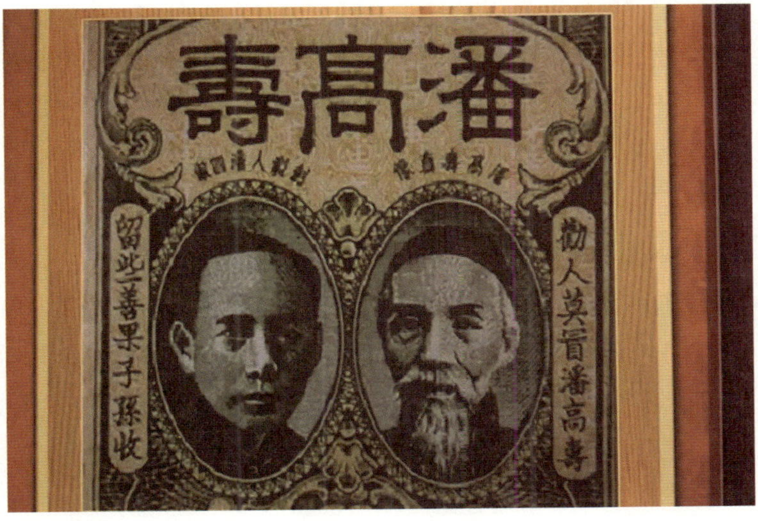

潘高寿药业早期商标

仔”。广东开平少年潘应世就是这些前往新大陆淘金的“猪仔”中的一员，他在金矿当过苦力，在洗衣铺当过学徒……虽备受屈辱，饱尝苦难，但是这位少年慢慢攒了些积蓄。

后来，潘应世带着当“猪仔”挖到的第一桶金回到了魂牵梦绕的故里——广东开平，联合兄长潘百世准备干一番事业。

1890年，潘百世、潘应世兄弟在广州高第街设药铺，店号“长春洞”。长春洞是前店后场式的药铺，前店卖药，后场制丸，雇工10余人，进行作坊式生产。其后，潘百世第四个儿子潘郁生将西方的制药技术与传统中医结合，根据岭南地区气候特点，为治疗常见的咽喉疾病独创了一款川贝枇杷露。

白云山潘高寿生产总监叶耀成说：“潘高寿在100多年前的时候，就独创了川贝枇杷露。当时因为西学东渐，现代制药科学传播到中国，所以川贝枇杷露就成了东方和西方医药学相结合的成果，在当时是非常先进的。”

针锋相对　口碑极佳

潘高寿药行一直采用传统方式生产：煮药是铁锅木柴、土炉明火，和民间“煲凉茶”一样，平时工人还要去砍柴。浓缩药液和煮糖也是用明火煎熬，木棍搅拌。直到公私合营前，潘高寿药行仍是作坊式生产，雇工亦不到30人。工人们把药做了之后就手工一瓶一瓶地装起来，然后就走街串巷去卖，之后还会去做广告宣传，等等。

20世纪30年代，德国出品名为“赫利西佛”的止咳药进入中国市场，销量一直不佳，因为当时“潘高寿川贝枇杷露”已经在市场上口碑甚好，销量极佳，“赫利西佛”在华南的代理商看在眼里，急在心上。

为了扩大“赫利西佛”的影响力，与潘高寿争占市场份额，德国制药厂不惜投入重金开展宣传攻势，在报纸上刊登所谓征联启事，上联曰：“穿背琵琶，焉能弹高调”，矛头直指潘高寿的川贝枇杷露。面对洋品牌的挑衅，潘郁生也不甘示弱，很快就作出了回应，迅速在同一报章投稿应征，针锋相对地对出下联：“黑脷史弗，那得有良心。”“脷”在粤语里是“舌头”的意思，“史弗”在粤语中是“屁股”的意思。征联一经刊出，人们都认为对出的下联诙谐幽默、揶揄之中透着睿智。“洋品牌”恶意征联的挑衅行为弄巧成拙，一时在坊间被传为笑柄，品牌形象在广大市民心中大打折扣。潘高寿则赢得了更多老百姓的信赖和拥戴，川贝枇杷露的销量有增无减。

坚忍不拔　浴火重生

中华人民共和国成立以后，合理的社会制度和安定的社会环境，让各行各业都得到了休养生息，一些惨淡经营的小企业有如枯木逢春，焕发了勃勃生机。在这个历史大潮中，潘高寿也跟上历史的步伐，走上了社会主义道路。公私合营以后，由于有了国家对企业的投资，潘高寿药厂的企业规模扩大了，生产得到迅速的发展。然而，就在潘高寿以全新的姿态走上了社会主义的康庄大道，企业得以顺利发展之际，却发生了一场意想不到的变故。

1959年10月23日深夜，潘高寿主要生产场地邻近的一家木屐工厂发生火灾，火势蔓延，大火波及潘高寿厂区，无情的大火迅速吞噬着基本为砖木结构的厂房。住在工厂附近的工友闻讯赶到现场，奋力参加扑救，无奈火情实在凶猛，虽然在消防队和群众的合力下，大火最终被扑灭，但是厂房还是已然成了一片废墟。

潘高寿在炮火和飞来横祸下数次易址浴火重生，它的创始与发展，折射着广东近代史。在长春洞经历了各种起死回生后，潘氏后人在药铺“长春洞”名后加上了“潘高寿”三个字，以纪念药铺的创始人潘百世、潘应世。潘高寿人以他们坚强的意志品质，让企业继续生存发展了下来。

“潘高寿在百年发展历程中并不是平平稳稳的，可以说是几起几落。当时那场大火把整个潘高寿厂房烧掉了，在更早的抗战时期，潘高寿也曾遭遇厂房被夷为平地的横祸。”白云山潘高寿传承人卢其福说，“潘高寿历届的掌门人，都有一种坚韧不拔的精神，就是遇到挫折也会想办法去克服它，去战胜它。事实上很多时候，风雨之后见彩虹，把这些困难克服了之后，可能会进步得更快。”

时代发展　生产改革

随着时代的发展和进步，潘高寿落后的生产工艺、生产设备已经跟不上科学发展的水平，手工制作产能的落后与市场的高需求，一方面让企业看到了商机，另一方面也迫使企业必须进行改革，所以企业逐步将土炉、铁锅等落后的生产设备淘汰掉，引进了很多国外先进的制药设备技术。潘高寿的创新才从改革开放初期得到了飞速发展。

叶耀成说：“当时企业发展得非常快速。我们原来的旧铁锅、陶瓷全部淘汰了，换成了一些高效先进的设备，但是保留了潘高寿传统的制作工艺。基于传统的工艺和处方，我们投入了大量的资金和人员去研发、优化。”

1995年，潘高寿搬迁到番禺区东环街，开始投入了生产，设备厂房不断扩张，企业员工持续增长，潘高寿正式进入了飞速发展的阶段。同年，彭惠炫毕业以后就到了潘高寿工作。在伴随企业发展的20多年里，他也见证了潘高寿人同舟共济的精神，这一精神在新时代里依然被传承发扬。

作为白云山潘高寿质量保证部高级经理，彭惠炫说：“在2003年，特别是那年下半年，我们全公司进入GMP（生产质量管理规范）认证冲刺阶段。不论是新员工、老员工，大家每个人都在尽自己的努力为GMP认证做准备。新员工后半年有几个月连家也不回，直接住在酒店里面。在年底，我们迎接了国家食品药品监督管理局（现国家市场监督管理总局）的GMP检查，也在2004年顺利拿到了这个作为药品企业必须具备的证书，没有这个证书就不能生产。”

井井有条的车间生产线，从洁净的灌装到人工包装，每一个生产环节都进入了高科技标准化的生产模式。

叶耀成说：“我们是从2010年后才敢为了提高川贝枇杷膏的生产效率而把它改成塑料瓶包装的，原因就在于中国的制药设备水平跟不上制药水平。我们从2013年、2014年开始，和上海、锦州的两家厂商一起研发制药设备。最后是在2014年、2015年前后全部实现了设备自动化。”

潘高寿之所以能成为绵延100多年历史的品牌，传承尤为重要。从发展的角度来看，潘高寿在人手包装、各方面的单个体操作等方面花了很大力气，慢慢改变成目前全新的自动流水生产和包装，同时大大提高了工人的收入。

“我们的生产设备是根据生产工艺和风味配方去配置的，这样既保持了我们潘高寿独创产品的特色和风味，同时生产效率也能提高很多。”叶耀成说。

潘高寿人100多年专注治咳领域所取得的成就，体现的不仅是工匠精神，也是对其作为非物质文化遗产所蕴含价值的最好诠释。

卢其福说：“潘高寿作为‘非遗’，必须具备三大价值。第一，必须得有

位于番禺区东环街的潘高寿药业厂区

物质基础，产品处方要非常合理，药材好，药才好；第二，必须用对药，患者身患寒咳就不能用治热咳的药，而身患热咳就不能用治寒咳的药，即便用的是好药，但方向不对，同样达不到治病的目的；第三，制作工艺和质量必须非常有保障，最终体现出比较理想的疗效。”

益肺功效　声名远播

据《黄帝内经》记载，肺为五脏之长，管理调节五脏六腑的运行，一旦五脏六腑出了问题，就会影响到肺，从而表现为肺不舒服，人就会咳嗽，症状便就此显现出来。

卢其福说：“潘高寿的文化首先提倡的是养肺，其次才是治肺，这也就是中医说的‘治未病’。”

“潘高寿的养肺治肺文化，事实上对我们日常的养生保健或者治病是非常实用的。番禺，是广府文化的重要组成部分，尤其在饮食方面，当地老百姓日常喜欢煲汤、煲凉茶。在煲汤时会根据自己的体质加入药材，通过药膳饮食的方式来达到调理身体的效果。”卢其福介绍道，“我们当时主要是针对风热咳嗽的症状，结合岭南地区的气候特征以及岭南地区的人的体质，设计了这款治咳川贝枇杷露。随着介入并逐渐深入止咳领域，潘高寿的视野很自然就逐渐得到扩展。”

中医药产品在中国尤其是岭南一带备受推崇，但对中国的中药企业来说，即便是很有名气的中药产品，想进入美国这样的海外市场却一直面临着高门槛。然而在2008年，潘高寿、念慈庵等止咳产品却在美国一时爆红。走红的原因竟是流感肆虐，不少人口口相传这些中医药产品的神奇疗效。虽然美国医学专家提醒大众，草药作为非处方止咳中成药，不能作为预防治疗流感的第一道防线，但仍挡不住民间的热捧，因为大多数人还是感受到这些中国“神药”在清热润肺、止咳化痰上有奇效。

近百年来，任凭星移斗转、四季更迭，这一治咳良药代代相传，显示出了它旺盛的生命力，受到了广泛的欢迎，从而奠定了潘高寿“治咳专家”的历史地位。在所有被潘高寿治愈的患者里，有众多的社会名人，包括著名的歌唱艺术家郭兰英，国学大师、书法家启功，社会活动家、政治活动家程思远，等等。

2013年，雾霾话题成为社会关注的焦点，针对雾霾天气肆虐，潘高寿携手复旦大学公共卫生学院开展了国内首个防治PM2.5肺损伤研究。该项目的完成开中医药领域对雾霾危害防护和治疗课题的先河。这个举动也得到了中医泰斗邓铁涛的重视和认可。

“从中医辨证思想来看，雾霾是火的产物，它是锅炉、机动车产生的，带有火毒之性，而枇杷膏、枇杷露能够清肺润肺，所以它们的效果很好。我们把研究成果向邓老（邓铁涛）汇报，邓老当时说了一句话：‘你们把雾霾搞定，诺贝尔奖都有得拿。’”卢其福介绍道。

卢其福说，“非遗”这个称号对于潘高寿的文化自信非常重要，为了发扬和传承“非遗”，他经常出现在社区的中医药科普推广场合以及政府组织的省、市、区“非遗”宣讲活动上。“我是非常乐意、非常积极地去做这方面的传播的，我们必须让群众去了解这些文化。这种传播不仅仅是带着他们‘看热闹’，还要深入到‘术’乃至‘道’的层面去，让老百姓去了解中医药背后的意义和价值所在。”

潘高寿的诞生，与民众普遍有益寿延年的美好愿望息息相关。据悉，潘高寿退休职工中80至90岁年龄段有30多人，70多岁的则有一大批。这批得享高寿的老员工代表再次诠释了中医药企业的“高寿基因”。作为全国唯一拥有“双国遗”的中医药企业，潘高寿无疑是岭南中医药的杰出代表。潘高寿员工的“高寿现象”也折射着岭南中医药养生文化的崛起，更体现了百年老字号创始人救人济世的情怀初衷。

扫码观看
纪录片《潘高寿——开平潘氏兄弟开启的“非遗”文化之路》

第三章 雄筑

第一节 番禺宾馆

1978年，香港知名实业家霍英东在时任全国政协常委何贤的多方游说和陪同下，回到家乡番禺寻根。当时整个中国处于改革开放的起步阶段，番禺虽地处珠三角的中心，但河网交错，交通极为不便；虽是鱼米之乡，但是工业、服务业都极为落后，连当时的番禺县委招待所的接待员都不知道什么叫洗手间。正是看到了这样的情况，让霍英东和何贤更加坚定了找机会带动家乡经济发展的决心。

在霍英东和何贤的努力推动下，当时的番禺县委率先在珠三角城市建起第一座宾馆——番禺宾馆。修建这座宾馆最初的目的是让回乡建设的港澳乡贤有个“落脚点”，不曾想，却在几十年间成为带动番禺经济发展的“发动机”。这几十年的发展，正如何贤所言：“路通才能财通，有人气才有财气，有了番禺宾馆，肯定就会有人气。”

为吸引侨胞返乡而筹建宾馆

“当时霍英东和何贤一回来就感慨，番禺这么多华侨、港澳乡亲，回到番禺连住一晚的地方都没有，叫人家怎么回来？当时我们的县委书记就提出来番禺要建一座宾馆，就找了我来。”说这话的是原番禺县侨务办主任苏耀乾，他是番禺宾馆第一任总经理，也是番禺宾馆建设的实际操刀人。

苏耀乾回忆起来，当时自己并不是很愿意承担起这个项目：“因为我在外贸局已经工作了那么多年。当时说要建番禺宾馆，但连块木板、夹板，一块云石、大理石，一块瓷片国内都没有的，要建设一个宾馆不是那么容易。”

番禺宾馆要建，且要在一年时间内建成。压在苏耀乾身上的重担不言而喻。

经过多方努力，苏耀乾从地方财政借到了70万元作为番禺宾馆建设的启动资金，但这对一座宾馆的建设来说，是远远不够的。面对这一困境，有着多年侨务工作经验的苏耀乾第一个想到的是寻求乡贤资助。

何贤（前排右一）、霍英东（前排左一）在县领导陪同下视察番禺宾馆建设工地

华侨在社会主义经济建设中发挥着尤为重要的经济补给作用。当海外乡贤得知家乡要建宾馆，未来回乡将有落脚点之后，纷纷倾力资助。

“有了何贤、张耀宗的资金支持，再加上地方财政的70万元人民币，番禺宾馆就开建了。基于番禺是侨乡，我们利用何贤、霍英东的知名度，打了报告给广州市委，申请建设80个房间，最终获批，这个标准和市委招待所差不多。”苏耀乾回忆道。

苏耀乾今天所轻描淡写的“招待所”，其实当时是煞费苦心，专门为准备回乡建设的港澳乡贤而细心考量、精心设计的。当时乡贤每一次返乡，都要经过陆路和水路的接驳，耗时半日，才能抵达。为了让乡贤一回到番禺就能即刻有落脚点休息，在苏耀乾的建议下，番禺宾馆的选址，最终定在番禺的行政中心——市桥。

耿直建言不建高楼大厦

在改革开放初期，全国各地在经济条件允许的情况下，都在争取建现代化高楼大厦，对于番禺宾馆的建设，番禺政府也是倾向于建设现代化建筑。可就在这个时候，苏耀乾对番禺宾馆的建筑风格却有自己不一样的见解。

他直言：“华侨港澳乡贤在外边生活，已经习惯了城市森林般的生活。番禺宾馆要建就要建成一种乡下式的园林风格，让他们回来后能享受到一种相对惬意的环境。”苏耀乾提出的这一诚恳意见，最终被政府采纳。

启动资金有了，地址选好了，建筑风格定下来了，番禺宾馆的建设工程正式启动。因为没有先例，为了达到真正的园林式设计效果，苏耀乾向上级请示，专程去杭州学习苏杭园林建筑景观设计。他回来后，便将在杭州收集的园林设计概念，实施在番禺宾馆的建设当中。

或许，正是苏耀乾及其背后的番禺县政府在建设番禺宾馆时所体现的细心周到和果敢魄力，让霍英东、何贤等人非常感动，也由此带动了回乡投资建设的第一批港澳乡贤。

番禺宾馆落成剪彩

一年后，番禺宾馆落成剪彩。“当时珠江三角洲各县都没有宾馆，番禺在珠三角里面算威水（了不起）了，挂牌一家‘番禺宾馆’，对整个珠江三角洲的影响很大。更重要的是华侨港澳乡贤知道番禺有了一座番禺宾馆，探亲访友有一个住的地方，就会很高兴。”苏耀乾说。

番禺宾馆的落成，不仅仅是番禺在珠三角地区的“威水”事件，还是番禺乃至全省、全国改革开放经济发展历程中的一个重要转折点，它是港澳乡贤回乡的落脚点，让更多的侨胞看到了中国大陆改革开放的决心和经济发展的可能性。

“何贤和霍英东觉得，有了番禺宾馆，番禺就有了接待基地。霍英东还说，要发展一个地方，路通才能财通，有人气才有财气，有了番禺宾馆，肯定就会有人气。”苏耀乾说。

解决了落脚点问题，聚集了人气，接下来就要解决交通问题。在中央改革

1980年1月25日，番禺宾馆建成投入使用。图为番禺宾馆开幕典礼现场

开放的政策扶持下，霍英东、何贤、何添（香港恒生银行创办人之一）带头捐资筹款，为家乡修桥建路。资深番禺侨务工作者何玉枝回忆道，当时在侨胞的捐赠帮助下，番禺做了很多的交通建设，比如大石大桥、洛溪大桥。

侨务工作加速番禺腾飞

大石大桥、洛溪大桥先后通车，将原来至少需要半天的水陆接驳路程缩短为只需两三小时的陆路交通。路程缩短了，经济接轨更快了，港澳的投资方，纷纷进入番禺投资办厂。广东的经济开始腾飞，中国的改革开放开始见成效。

何贤在病危期间，仍不忘自己作为番禺乡亲的任务和责任，这种精神也带动了很多番禺侨胞。当时的番禺不仅兴起了一片修桥建路的热潮，“路通桥通财就通”，番禺的经济也开始发展，广东的经济开始腾飞，中国的改革开放开始见成效。

因为有了番禺宾馆这个落脚点，港澳乡贤一批批成团回乡，不分贫富、不论职业，都尽己所能，捐资捐物为家乡建设表达心意。

有人说：“没有番禺宾馆，就没有番禺当时经济的飞速发展；没有番禺的侨务工作成绩，就没有省港澳经济的紧密相连。”

番禺是古代海上丝绸之路的重要起点，也是西学东渐最早的地方之一，华人从番禺走出去，华侨又从海外返回来。华侨在社会主义经济建设中发挥着尤为重要的经济补给作用。侨务工作在这一过程中所扮演的角色尤为重要。

文化学者、番禺民俗顾问梁谋认为：“侨务工作其实是一种黏合剂。侨务工作者服务到位，讲求细节，所以感动了华侨，使其成为推动社会发展的一种力量。”

经济转型　侨胞热心不变

如今，在“一带一路”倡议和粤港澳大湾区建设的大环境下，番禺的经济建设也正在转型，对于企业经济和招商引资，侨务工作面临着新的机遇和挑战，也在作相应的调整和升级。

番禺侨办主任卢炎安说：“侨务工作是一定要巩固的，过去有那么多的华侨、港澳同胞关心乡情，带来番禺的飞速发展。今天，我们在此基础上，更要做好新一代的华侨、港澳同胞的思想工作，使得新一代华侨能够搭上祖国社会经济飞速发展的列车，分享祖国经济发展的红利。”

霍氏家族从1978年至今，在番禺的教育、医疗、养老、交通等建设方面，均做出了以亿元为单位的投入。霍氏家族对番禺、对广东乃至对中国改革开放经济建设的影响和价值，早已远远地超越了最初的具体投资数额，在中国改革开放建设的过程中，书写着功不可没的一页。

霍启文，霍英东的孙子，香港霍英东集团副总裁。承继着爷爷那一辈人对番禺的深厚感情，霍启文如今依然活跃在番禺这片热土上。“番禺的人民是很懂得饮水思源的，因为爷爷以前为番禺做了很多有意义的事情，所以到了如今，在我们需要推进某个项目的时候，番禺当地的政府部门、民营企业等，都会很尽心尽力地帮助我们。可以说这是以前播下的因，今天得来的果。作为霍家人，我们非常自豪。”霍启文动情地说，“我们相信，爷爷当时为番禺做这些事情的出发点，就是为这个社会，而不是为了个人的名声。我们希望我们这一代人也可以像爷爷那一辈一样，继续为番禺做出一定的贡献。”

2017年10月13日，“重大项目签约仪式”在广州番禺长隆国际会议中心盛大举行。

这一次签约仪式共有45个优质项目签约落户，预计总投资额约989亿元。思科（中国）创新科技有限公司等48个项目正式启动，预计总投资额1183亿元。

何敬麟，澳门番禺同乡会理事长、澳门文化促进会会长，是番禺旅澳乡贤何贤的孙子。这一次，他带着22亿元的粤澳青年创新创业基地项目，回到自己的家乡进行投资合作：“这个创新创业基地我们前期已经策划了两年，国家提出建设粤港澳大湾区的战略，加速了它的成长。基地能够汲取番禺大学城丰富的人才资源和创新资源，它的成立既能促进粤澳两地青年的交流，也能为澳门的资金在内地寻找商机提供帮助。我们还希望在未来，通过这一创新创业基地，更多国内优秀的企业家能带着他们的企业，由澳门走向世界。”

何敬麟说：“番禺是我们的根，是我们的家乡，是广州经济非常活跃的区域。随着广州南站的建成、创新城的落户以及万博商务区的建设，我们预计未来的番禺区会更加繁荣、更加兴旺。在这个契机下，我希望澳门乡亲可以带澳门的朋友回来，一起跟上番禺发展的步伐，将自己的事业、将澳门的企业家带来番禺，利用这个好平台去实现更大的发展。”

番禺宾馆新貌

“将自己的事业、将澳门的企业家带来番禺。”何敬麟先生今日所说的如此实在的一句话，或许就是三十多年前，他的爷爷何贤和其他在港澳努力拼搏的番禺乡贤回乡投资的初衷和心境。

禺山古邑，阅不尽侨乡巨变；宇内海外，道不完桑梓情怀。一座番禺宾馆，激活的是中国人的血肉亲情。

在“一带一路”倡议和粤港澳大湾区建设的大环境下，番禺的经济建设正在转型，也在迎接着全球机遇和挑战中前行。番禺正以党的十九大精神为指引，紧紧围绕广州建设国家重要中心城市的战略部署，坚持创新、协调、绿色、开放、共享五大发展理念，时不我待、只争朝夕，奋力开创新时代番禺发展的崭新篇章。

扫码观看
纪录片《番禺宾馆》

第二节 洛溪飞虹

“横跨珠水洛溪桥，灯火荧阑灿九霄，盛世移山多壮举，今朝姿旎更丰饶。”这是33年前，一首吟诵洛溪大桥建成通车的诗篇。当第一辆汽车驶上洛溪大桥时，广大民众乃至它的设计、建设者们或许都不曾预想到，这座桥带给人们的，将不仅仅是“天堑变通途”的交通便利，还有大桥南北经济、文化、生活等方面翻天覆地的变化。

时任广东省委书记的习仲勋在视察完洛溪大桥后，高兴地说：“将来番禺要造更多更长的大桥。把河网阻隔的各‘岛’连接起来，把番禺与周边地区连接起来，就能把‘锅底地’变成经济建设的‘高地’。”

洛溪大桥的通车，让番禺这颗镶嵌在珠江三角洲腹地的明珠，焕发出了新的光彩。

时隔30多年，洛溪大桥拓宽的呼声日起，终于传来好消息，随着施工队伍的进场，洛溪大桥拓宽工程于2018年5月正式动工。经过几年的建设，2021年2月8日，焕然一新的洛溪大桥正式通车，一条比以前更加雄壮的跨江巨龙出现在世人的眼前……

“路通才能财通”

时光悠悠。番禺人对桥的渴望，可以追溯到30多年前。当时，位于广州最南端的番禺地区。因为地处珠江水系出海口，1300平方千米的番禺土地被30条河流主干道、300多条大小河涌分

气势雄伟的洛溪大桥

割得“支离破碎”，人称“锅底地”。

苏耀乾介绍，番禺是一个河网交错的地方，水乡农民就是靠“扒艇仔”来串门。每家每户都有条艇，遇上喜庆事，或者探亲、趁墟，都靠划艇往来，农副产品也都是靠划艇运输到市场卖。

据1995年版《番禺县志》记载，20世纪80年代末，在番禺就有渡口152道、渡船370艘。虽然番禺县城与广州相距不过17千米，但由于要经过大石、洛溪两个渡口，交通十分不便。随着经济的发展，在渡口待渡的车辆也越来越多，遇到台风和大雾，还会停渡，可谓：“奈洛溪一水，等同天堑。况值风涛雨雾，商旅难归。遂使货滞于途，车壅于道。”

番禺区文化广电旅游体育局原局长何穗鸿对这样的场景记忆犹新：“由广州回市桥坐尾班船时，客轮一泊码头，乘客就得跑步直奔汽车站，因为那时只有一部客车，乘客都担心赶不上，赶不上车就回不了市桥了。”

乡贤奔走建桥

改革开放以后，港澳同胞纷纷回到内地支持家乡建设。1978年，霍英东、何贤等爱国侨胞到广州参加交易会。番禺县委、县政府特别派了当时负责侨务工作的苏耀乾去广州迎宾馆接他们回家乡看看。这一路，霍英东、何贤最大的感受是：如果没有一座连通两岸的大桥，番禺很难发展起来。

在车上，何贤深有感触地对霍英东说：“要建设好番禺，就两句话：路通才能财通，有人气才能有财气。”作为番禺乡亲，何贤与霍英东都觉得应该出点力，来帮助番禺建设。

可是在计划经济时代，要修建一座跨江大桥，谈何容易？摆在番禺县委、县政府面前的首要难题是：资金从哪里来？

特别让人感动的是，彼时已癌症晚期的何贤，为了完成洛溪大桥的建设，亲自上北京找总理说情，他说：“建设洛溪大桥是我的心愿，更是全体番禺人的心愿。我（何贤）剩下的时间不多了，您如果批准我们进几百辆车，我们就可以换了钱来加快这座桥的建设。”何贤的行动感动了总理，总理特批了进口300辆车。

除了霍英东、何贤等港澳同胞的捐助，广东省交通厅、广州市政府也给了番禺极大的支持。在筹建的28个月当中，洛溪大桥先后经历过4个首长、7个部门呈批，完成可行性研究、资金筹集、桥址选择、通航净高、桥型等10多个程序。为了解决建桥的通航高度问题，当时番禺县委、县政府主要领导，曾亲自到北京找有关部门汇报，争取国家给予支持，在盖了24个公章后，洛溪大桥建设终于获批了。

“这简直是个奇迹”

洛溪大桥是横跨珠江主航道的第一座特大桥梁，北端连接广州大道，南端连接105国道，由国内的著名桥梁设计师杨高中担任工程总设计师。1984年10月14日，洛溪大桥建设工程正式奠基，在当时的技术条件下，要建设这样一座大型桥梁，是难以想象的。

时任美国公路安全保险研究院主席布莱安·欧尼尔率团在考察了洛溪大桥的建设情况后，甚为惊叹地说：“这简直是个奇迹。”

时任番禺交通公路工程建设指挥部总指挥何浩亘忆：“当时很多人说，不请外国人，番禺根本没法建。”

时任广东省长大公路工程有限公司项目副经理田少筹介绍：“当时专家来了

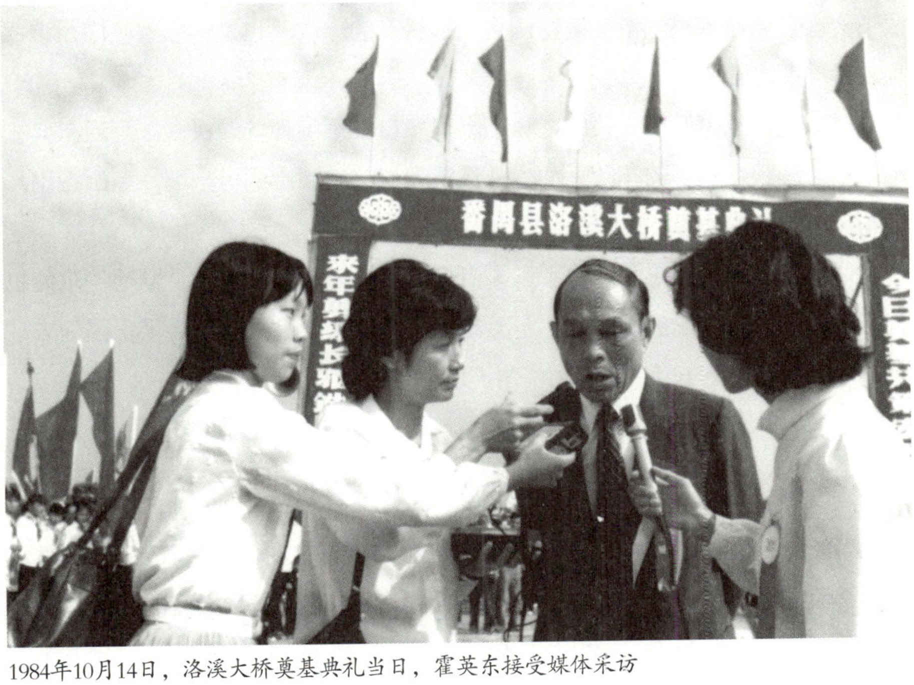

1984年10月14日，洛溪大桥奠基典礼当日，霍英东接受媒体采访

一拨又一拨，看了都摇头。那时中国没有足够的技术能力，机器很落后，修建整座桥一共才两台吊车，小件都要靠人搬，大件才用吊车吊，有时100多斤的东西也是两个人抬到船上去的，可以说，这座桥几乎是纯粹靠人力建设起来的。”

在激情燃烧的年代，洛溪大桥这项特大工程就这样建起来了。主桥采用预应力混凝土连续钢构，通航净高34米，全桥总长1912米，主跨180米，在当时居东南亚同类桥梁之首位。

洛溪大桥由于整个工程质量达到了高精度的技术标准，使得我国的预应力桥梁技术达到了新的水平，进入世界先进行列，在国际上产生了较大的影响，还入选首届“中国十佳桥梁”、1978—1983年度全国十大公路工程，获得首届中国土木工程詹天佑奖等多项大奖。

光留史册，富促城乡

1988年8月28日，是一个载入番禺史册的日子。这一天，洛溪大桥正式通车。时任广东省省长叶选平、香港知名实业家霍英东等各界人士前来参加大桥的通车典礼。在这一天，番禺县同时举行了其他6项工程的完工剪彩典礼。

番禺县委宣传部原副部长，番禺日报社原社长、原总编吴礼彭回忆道：“那一次是原籍番禺的港澳同胞回乡人数最多的一次，也是广东省、广州市领导来番禺人数最多的一次。”

这一天，也是番禺人民的大日子。很多自发来到现场的民众，等通车典礼一结束，就跟在长长的车队后面，从洛溪大桥的一端走到另一端，走出番禺，走向广州。

“当时的场面很热闹，除了番禺当地的群众来看热闹以外，顺德、东莞也有不少人赶过来见证那一时刻。”苏耀乾说，“大家高兴得不得了，因为去广州不用划船了，坐车直接就能到广州了！”

带来的不仅是路通

洛溪大桥建成以后，大大缩短了广州许多市民的出行时间，改善了交通状况。所谓“路通财通”，如彩带凌空的洛溪大桥带动了番禺经济的发展。原来的水稻田、沼泽地变成了一个个高端时尚的住宅楼盘。丽江花园、时代外滩、南天名苑等，成为很多广州人安居乐业的梦想。

原广州市住建委中心区交通项目办公室技术部部长饶瑞还记得第一个入驻的小区叫“丽江花园”。那时，丽江花园在番禺算是高档小区，有很多广州市民就是因为洛溪大桥通车了，而选择入住丽江花园。

一桥架南北，天堑变通途。洛溪大桥点燃了番禺人修桥筑路的热情。路通财通的番禺，也从“锅底地”一跃成为珠三角改革开放前沿阵地的一颗璀璨明珠。短短几十年间，番禺地区生产总值从1988年的5.75亿元，迅猛发展到今天接近2000亿元。近水楼台的洛浦街道也迎来了发展的黄金时代：国内目前建造中大型出口铝合金高速船的唯一品牌“英辉南方”，于1992年落户洛浦；信基沙溪酒店用品博览城是国内极具影响力、超大型的“一站式”酒店用品专业市场；另外，五洲城装饰世界、五洲城国际建材中心、岭南电商产业园、广州渔人码头多彩小镇等，成为洛溪桥脚一张张闪亮的名片。

在2018年6月23日举行的广州国际龙舟邀请赛上，作为番禺区唯一一支传统龙舟代表队，洛浦街龙舟队勇夺传统龙项目冠军，更让洛浦街龙舟小镇声名远扬。洛溪大桥的通车，不仅带动了番禺社会经济的发展，也让传统文化艺术焕发了新的生机。

洛溪大桥不仅是连接广州新老城区的一个符号式建筑，也是广州“南拓”

通车之初的洛溪大桥

战略中重要的交通通道。2000年，番禺撤市设区，成为广州面积最大的新城区。为了减轻洛溪大桥的负担，广州市政府陆续建设了番禺大桥、新光大桥和猎德大桥等一系列桥梁。他们的建设，不仅缓解了洛溪大桥交通的压力，也让出行的市民有了更多元化的选择。

市桥地铁站的“市桥”这两个字，是何穗鸿的手笔。2006年12月30日，广州地铁3号线正式通到市桥，这是番禺交通发展一个划时代的里程碑事件。作为交通发展的亲历者和见证者，何穗鸿感叹：“以前做梦都不敢想的事情，现在都一一实现了。”随着地铁4号线、7号线以及京珠高速、新光快速、南沙港快速等重要交通基础设施相继投入使用，番禺与广州其他城区的联系越发紧密。

拓宽之后的洛溪大桥

弹指一挥数十载，这座曾使“天堑变通途”的大桥，随着社会经济的发展，也开始不堪重负。

洛溪大桥新桥是广州市中心区首座大跨度双塔双索面叠合梁斜拉桥

广东省长大公路工程有限公司路桥高级工程师文洁平介绍，洛溪大桥现行日通行车流量可以达到3万次，最高峰时是10万次。洛溪大桥的四车道已经成为广州大道上的一个交通瓶颈，早晚高峰时都要大排长龙，洛溪桥的拓宽迫在眉睫。

洛溪大桥拓宽的呼声持续多年，2018年5月终于传来好消息。随着施工队伍的进场，洛溪大桥拓宽工程正式动工。彼时，人们期待着在不久的将来，出现在眼前的是焕然一新的洛溪大桥。

按照规划，洛溪大桥拓宽工程是在旧桥左右两侧各增加一座新桥，新桥采用主跨305米的斜拉桥结构，总共有4座索塔，索塔形状为钻石形，塔高超过100米。

按照设计，拓宽之后的洛溪大桥远远看去，将像一艘即将扬帆起航的帆船，横卧在珠江上。东西两侧的新桥，是单向三车道桥梁，加上旧桥的双向四车道，一共十车道，拓宽之后，能否适应未来所需？还需时间去验证。拓宽工程动工后，人们又像30年前一样，翘首期盼着新桥早日通车。

等待的日子没有太久，2021年2月8日，洛溪大桥新桥完成主体建设并通过开通前的验收，从而正式通车！据介绍，新桥通车后，全长约两公里的洛溪大桥仅需约3分钟便可驶完全程。

洛溪大桥是番禺路桥建设的缩影，也是番禺时代发展的见证。它展现了番禺人民在改革开放初期敢闯敢干、敢为人先的精神气质，也承载着旅外乡亲报效祖国、热心发展的赤子之情。珠江两岸奔流不息的车流、拔地而起的高楼，日新月异的新城，正如30多年前，洛溪大桥碑记所言：变水国若通途，光留史册，富促城乡。

扫码观看
纪录片《洛溪飞虹》

后 记

时值金秋，万物丰收，由中共广州市番禺区委宣传部精心策划、用心编写的《记忆番禺》，历经打磨，即将付梓。本书基于50集大型文化纪录片集《记忆番禺》解说词改编而来，是记录番禺地区历史文化的珍贵资料。

时代洪流奔腾不息，社会百态更迭变迁，我们不禁追问，是什么造就了今天的自我？身处异乡之时，又是什么将我们和故乡紧牵在一起？是文化，根植于内心深处、血脉相依的文化。番禺文化历经千年，生生不息，是番禺人执着守望的共同精神家园。

2021年是中国共产党成立100周年，值此重大历史节点，中共广州市番禺区委宣传部立足番禺文化，完成了这本讲述番禺记忆的图书。它不仅意在呈现历史、传承文化，更旨于为番禺人追寻自己的文化血脉提供一方天地，为番禺未来建设发展提供精神动力。该书涵盖了古迹旧址、遗风雅俗、绝技匠工、舞艺乡韵、百业兴衰、雄台伟筑、名师大家、仁人义士等内容，全方位展示了番禺文化的方方面面。本书的编写，让番禺文化的传播和发扬有了更丰富的载体，有助于番禺文化永久存续、发扬光大，增强番禺人民的历史自豪和文化自信，激发番禺人民共建美好家园的澎湃热情。

从整理相关资料，确立图书定位，拟定图书框架，组建编写组，到具体推进图书的编写，以及后期的编排、审核、校对、出版，每一步工作都倾注着编者们的心血。编书工作历时近3年，在纪录片解说词的基础上经多次修改、完善，甫已定稿。

考究历史、查证资料、梳理内容等工作离不开编者们的倾心付出，也需要多方的协助。图书编写期间，广州市社科院岭南文化研究中心主任梁凤莲欣然为本书作序；郭展耀、金齐楚等兄弟单位的领导、同事付出极大心力，在本书逻辑框架的搭建与优化、内容史实的审校与把关等方面殚智竭力，为本书的顺利出版贡献良多；番禺区文化广电旅游体育局、番禺区国家档案馆、番禺区文学艺术界联合会、番禺区文化馆、番禺区融媒体中心、番禺区作家协会、广州润扬文化传播有限公司等单位，为本书的编写提供了许多珍贵的历史文化资料和新闻图片素材，对本书内容的提升亦有所帮助。此外，图书的编辑出版还得到了南方日报出版社的专业指导、鼎力相助。在此，谨向所有为本书编辑出版付出辛勤劳动的各单位、个人表示衷心感谢。

本书编辑过程中，虽然我们尽心尽力，但受限于时间和水平，书中还可能存在错误和疏漏，望广大读者不吝赐教。

谨以此书献给所有关心支持番禺宣传文化事业的各界人士！

本书编写组

2021年9月